Le cygne blanc

13 facteurs de réussite et exemples pratiques en gestion des risques

FSC
www.fsc.org
MIX
Papier aus ver-
antwortungsvollen
Quellen
Paper from
responsible sources
FSC® C105338

Bruno Brühwiler

avec la participation

de José Lamas-Valverde et Olivier Terrettaz

LE CYGNE BLANC

13 FACTEURS DE REUSSITE

ET EXEMPLES PRATIQUES

EN GESTION DES RISQUES

Informations bibliographiques de la Bibliothèque nationale allemande (DNB) :

La Bibliothèque nationale allemande répertorie cette publication dans son catalogue ; des données bibliographiques détaillées sont disponibles à l'adresse internet https://www.dnb.de.

Verlag: BoD · Books on Demand GmbH, In de Tarpen 42, 22848 Norderstedt, bod@bod.de

Druck: Libri Plureos GmbH, Friedensallee 273, 22763 Hamburg

ISBN: 978-3-7597-8545-9

Table des matières

Avant-propos de José Lamas-Valverde

J'ai fait connaissance avec Bruno Brühwiler en 2012 juste avant son cours de management des risques qui m'a conduit jusqu'à la certification de Manager des risques. Je l'ai ensuite rejoint dans son entreprise de conseil, Euro Risk SA à Zurich, en qualité d'associé de 2012 à 2017. Depuis sa retraite officielle, fin 2017, j'ai créé ma propre entreprise et nous avons maintenu un lien d'amitié. Outre son professionnalisme et ses qualités humaines, j'apprécie sa capacité à transmettre les connaissances avec dynamisme, justesse et simplicité. En effet, Bruno est un pionnier de la diffusion des concepts et des bonnes pratiques en matière de management des risques, qui constituent la base de connaissances de la norme internationale ISO 31000 et des règles ONR 49000, dont il a fortement contribué au développement.

Dans cet ouvrage, que j'ai eu le plaisir de traduire en français, Bruno apporte treize exemples concrets de risques avérés dans les organisations et dans la société. Il en analyse le contexte et explique pourquoi la gestion des risques n'a pas fonctionné. Pour chaque exemple, il en induit une conclusion, formulée sous forme de message positif et qu'il appelle, à juste titre, facteur de réussite (Erfolgsfaktor, en allemand). Avec précision et habileté, il aborde des sujets clés et incontournables pour les directeurs et directrices d'entreprise, les membres des conseils d'administration et les personnes responsables de la gestion des risques.

Si le choix du titre de cet ouvrage peut surprendre le lecteur, on peut deviner l'intention de Bruno de prendre le contre-pied de l'essai de Nassim Taleb, Le Cygne noir : La puissance de l'imprévisible, best-seller paru en langue anglaise en 2007. C'est une manière astucieuse de nous rappeler que les notions et postulats de N. Taleb ne remettent pas en question le management des risques et que les personnes chargées de la gouvernance des risques doivent fonder leurs décisions sur des faits et la raison, tout en les rendant attentifs que de nouveaux signaux peuvent apparaître et modifier leur ligne de conduite.

À travers des exemples, Bruno nous explique également qu'en dehors des quelques risques véritablement imprévisibles, il existe encore un nombre important de menaces et de dangers qui peuvent être anticipés et qui sont accessibles au management des risques.

Tout lecteur peut m'écrire à
jose.lamas@gestiondesrisques.ch.

José Lamas-Valverde

Avant-propos d'Olivier Terrettaz

Vous pensez connaître les plus grands risques ? Détrompez-vous. Ce sont souvent ceux que vous ne voyez pas venir qui frappent le plus fort. Les fameux "cygnes noirs", ces événements rares mais dévastateurs, peuvent faire basculer vos certitudes et ruiner vos plans. Dans un monde où l'incertitude règne, savoir gérer l'imprévu devient une compétence essentielle.

Le Cygne Blanc ne vous promet pas de dompter l'inconnu, mais il vous apprend à repérer ces signaux faibles, à déjouer les crises avant qu'elles ne prennent de l'ampleur. Bruno Brühwiler et ses co-auteurs vous offrent un guide pour transformer la menace en opportunité. Même face à l'imprévisible et l'incertitude, la préparation sera votre meilleure alliée.

Dans un contexte où des événements à faible probabilité, mais à très fort impact, surgissent de plus en plus souvent, comme l'éruption de l'Eyjafjallajökull ou les crises sanitaires et financières, ce livre est votre arme secrète. Lisez-le, armez-vous des bons réflexes et surtout, partagez vos insights avec nous. Vos retours seront la prochaine pièce du puzzle pour anticiper les crises de demain.

Tout lecteur peut m'écrire à otz@bolt-sa.ch

Bonne lecture, et à bientôt sur le terrain des idées.

Olivier Terrettaz

Préface

Ces dernières années, j'ai écrit de nombreux articles spécialisés et plusieurs livres sur la gestion des risques selon les standards et exigences scientifiques les plus élevés. L'ouvrage le plus important est « Le management des risques en tant que tâche de la haute direction » (Risikomanagement als Führungsaufgabe, 4e édition 2016).

Mes publications et ma participation à de très nombreux comités scientifiques ont été intégrés dans des normes internationales reconnues. Il s'agit notamment de la norme ISO 31000 « Management du risque – Lignes directrices » et de la série antérieure ONR 4900x, qui ont été remplacées par la série ÖNORM D 490x « Gestion des risques pour les organisations et les systèmes - Vocabulaire et principes de base - Guide de mise en œuvre » de l'ISO 31000 en 2021.

Dans cette publication, je mets de côté les approches scientifique et normative pour décrire mes expériences personnelles en matière de management des risques. Des centaines de projets avec des organisations de toutes tailles, de grandes et petites entreprises, dans divers secteurs de l'économie, et dans de nombreux pays constituent, ci-après, la base de mes réflexions et considérations.

La gestion des risques est une caractéristique essentielle d'une bonne gouvernance et d'une gestion d'entreprise maîtrisée. Je présente des exemples où le management des risques a bien fonctionné. Toutefois, ces cas reflètent des situations particulières et propres à chaque organisation qui ne sont pas toujours évidentes, ni facilement saisissables. Cependant, ils représentent des situations courantes de la vie d'une entreprise ou d'une bonne gestion des affaires.

De plus, il existe des cas connus de sinistres et d'événements catastrophiques, que j'aimerais examiner à la lumière de mon expérience en matière de gestion des risques. La question centrale est de savoir pourquoi et comment ces risques ont pu se produire et pourquoi le management des risques a échoué.

Il existe pléthore de cas où de nombreuses organisations pensent avoir une bonne gestion des risques sans en avoir fait l'expérience, car elles ont eu jusque-là simplement de la chance que cela ne fut pas catastrophique. Souvent, les risques auraient pu se concrétiser parce qu'il n'y avait pas de dispositifs de défense efficaces. Tout s'est bien passé jusqu'à ce jour, mais ce n'est qu'une question de temps avant qu'il ne soit trop tard.

Les avantages directs de la gestion des risques sont souvent difficiles à mesurer. Cela s'applique également à d'autres instruments de management, tels que la gestion de la qualité, la planification d'entreprise, le contrôle de gestion (Controlling) notamment. Les KPI (Key Performance Indicator), voire les OKR (Objective Key Results), constituent un moyen de gérer la performance opérationnelle d'une organisation au travers de tableaux de bords de gestion, tel que le BSC (« Balanced ScoreCard ») en prêtant également une attention aux aspects qualitatifs. On pourrait également parler de facteurs de réussite. Je souhaite me pencher sur la question de savoir ce qui est important pour réussir avec une gestion des risques afin de générer une valeur ajoutée. C'est la raison pour laquelle le sous-titre de cette publication s'intitule « 13 facteurs de réussite ». Son titre principal est cependant « Le cygne blanc ». L'histoire des « cygnes blancs » sera traitée de manière approfondie dans l'introduction qui suit.

J'espère que vous apprécierez cette lecture et que, en tant que manager ou responsable des risques, vous vous sentirez personnellement concerné par certains sujets.

Bruno Brühwiler

1. Introduction

1.1 Notions

Pour commencer, je tiens à rappeler que le risque est l'effet de l'incertitude sur les objectifs stratégiques et les activités opérationnelles, d'une organisation publique ou privée. Chaque organisation se doit respecter des exigences, qu'elles découlent de lois ou qu'elles soient ancrées dans d'autres obligations que l'organisation considère comme contraignantes, comme des politiques, directives, etc. Les risques surviennent avec une certaine probabilité et peuvent se manifester sous forme d'événements soudains avec généralement une évolution progressive. Les risques comprennent non seulement des effets négatifs et indésirables, mais également ils peuvent représenter des opportunités et des potentiels de réussite pour les organisations.

La gestion des risques comprend toutes les tâches de direction (pilotage), de gestion (management) et de contrôle (controlling) qui ont une influence sur les risques. La plupart du temps, nous pensons à l'évitement, à la prévention, à la réduction ou au contrôle des menaces et des dangers. Je n'ai pas encore rencontré de gestion des risques orientée sur les opportunités ciblées des organisations dans mon domaine d'activité. Il y a une raison simple à cela : les opportunités sont généralement prises en compte dans la stratégie d'entreprise, lors de la planification stratégique, où les objectifs stratégiques ainsi que les activités opérationnelles et les exigences à satisfaire sont spécifiés dans le détail. Malgré toutes les tentatives visant à inclure les opportunités, le terme risque est malheureusement conçu de manière trop négative. En revanche, des termes tels que sécurité ou qualité sont beaucoup plus simples à appréhender par le management et ils ont une connotation positive sur la gestion des risques.

Néanmoins, la gestion des risques s'est imposée comme un instrument de gestion des plus important dans de nombreux domaines de l'économie, par exemple dans les concepts de gouvernance d'entreprise (ISO 37000 – Gouvernance des organismes - Recommandations), pour une gestion d'entreprise plus responsable (durabilité et équité) et conforme aux obligations légales et réglementaires (éthique et compliance).

1.2   Normes de management des risques

Il existe aujourd'hui de nombreuses normes traitant des risques et de leur gestion. Les normes représentent un consensus d'experts et ne concernent pas seulement la définition des termes, mais surtout les caractéristiques et la conception des processus, des organisations et des systèmes.

À l'échelle mondiale, deux séries de normes dominent aujourd'hui l'univers de la gestion des risques : d'une part, les normes COSO, créées aux États-Unis et soutenues par des experts-comptables, et d'autre part, les normes ISO issues de l'industrie et à vocation mondiale.

En travaillant avec ces deux référentiels, j'ai remarqué que les normes COSO recouvre plusieurs référentiels dont deux principaux : elles contiennent d'une part les directives sur la gestion des risques « ERM – Enterprise Risk Management » et d'autre part les directives pour le système de contrôle interne « ICS – Internal Control System » incluant la gestion des fraudes. D'un autre côté, les normes ISO définissent les meilleures pratiques à suivre dans tous les aspects de la gestion d'une organisation et met l'accent sur les risques : les normes ISO 31000 « Management du risque », ISO 9000 « Management de la qualité » et ISO 37000 « Gouvernance des organismes » sont axées sur les risques majeurs et organisationnels. Les normes ISO n'excluent pas un système de contrôle interne, mais elles ne le mentionnent pas non plus; il existe quelques similitudes entre l'ISO 9001 et le contrôle interne.

Une particularité des normes ISO réside toutefois dans le fait que chaque norme à sa propre application sans véritablement les lier entre elle, c'est révélateur avec la gestion de la continuité des activités (ISO 223xx - Systèmes de management de la continuité d'activité) et travaille donc dans deux silos distincts pour deux thèmes très interdépendants. C'est une grave erreur.

Lors de la conception de la série ÖNORM D 490x, le groupe d'expert, dont je faisais partie, a pris la liberté de tirer le meilleur parti d'ISO et de COSO. C'est pourquoi ce référentiel en langue allemande se concentre sur la gestion du risque des organisations et des systèmes (l'ISO parle d'organismes et non de gestion des risques d'une entreprise, ni des systèmes). Il inclut d'autres sous-domaines du management des risques, notamment le système de contrôle interne, également la gestion de la conformité (compliance), la sécurité des données et des informations et d'autres domaines.

Quelle est la signification de cette image ? La gestion des risques d'une organisation, qui se trouve au centre, a pour mission d'assurer la pérennité de l'organisation. Il est du devoir de la haute direction de s'occuper des risques majeurs, stratégiques.

Ceci est associé à d'autres domaines de la gestion des risques. Ils sont connectés au système de gestion des risques de l'organisation via une « interface ». Bien que la plupart des risques identifiés ne menacent pas la pérennité d'une organisation, ils doivent néanmoins être traités par des spécialistes du domaine concerné. Par exemple, les juristes s'occupent souvent de la gestion de la conformité, les experts-comptables et auditeurs (réviseurs) s'occupent du système de contrôle interne, les spécialistes de la sécurité s'occupent de la sécurité des personnes, des biens et de l'environnement, etc.

Qu'en est-il de la gestion de la continuité des activités (BCM – Business Continuity Management) ? Nous l'avons intégrée dans le processus de gestion des risques, car chacun des domaines de gestion des risques énumérés ci-dessus notamment nécessite une gestion des incidents, des crises et de la continuité des activités.

Grâce à cette connaissance des référentiels de gestion des risques, vous êtes, en tant que lecteur, parfaitement préparé pour les explications qui suivent.

1.3   Cygnes noirs et blancs

Dans « l'ancien monde », tous les cygnes étaient blancs. Il s'agissait d'une constatation reconnue, basée sur des preuves. Ce constat a changé en 1750, lorsque l'Anglais John Latham a découvert pour la première fois des cygnes noirs en Australie occidentale et les a surnommés, de manière prémonitoire en « cygne en deuil ». Pour certains ornithologues, la découverte de cygnes noirs n'était toutefois rien de plus qu'une surprise intéressante.

Le célèbre philosophe austro-anglais Karl Popper a repris l'exemple du cygne noir dans sa théorie scientifique qui démontre que l'homme ne peut pas déduire un savoir universel au sens d'une vérification à partir d'observations et d'expériences. Un seul cygne noir parmi des millions de cygnes blancs réfute l'affirmation selon laquelle les cygnes doivent être blancs.

Dans son livre « Le cygne noir », Nassim Taleb s'est penché sur le hasard et l'imprévisibilité des événements. Selon Taleb, l'utilité des statistiques et de l'expérience historique est généralement surestimée. Il est d'avis que nous en savons beaucoup moins que ce que nous pensons savoir et que le passé ne permet guère de faire des prédictions pertinentes pour l'avenir dans un monde incertain et surtout pas pour des événements imprévisibles ! Pour Nassim Taleb, un cygne noir est un certain événement imprévisible qui a une faible probabilité de se dérouler mais qui, s'il se réalise, a des conséquences catastrophiques, d'une portée considérable et exceptionnelle.

La gestion des risques peut s'appuyer sur l'extrapolation d'expériences historiques, de données et des statistiques du passé. Mais ce n'est qu'un point de vue. Le management des risques tente plutôt de travailler au plus près des événements du présent, en s'attachant à comprendre les chaînes de causes et d'effets. Si nous les connaissons et les comprenons, nous avons au moins la possibilité de pouvoir les influencer. L'analyse des catastrophes montre par exemple qu'elles auraient généralement pu être anticipées et évitées. Cela laisse apparaître plutôt un manque de volonté de connaître les chaînes de causes et des effets prévisibles et que les effets négatifs du risque ont été ainsi masqués. L'occultation du « risque négatif » se produit en particulier lors de conflits d'objectifs. La prédominance d'objectifs positifs que nous voulons absolument atteindre ou de comportements auxquels nous nous sommes habitués et que nous essayons de maintenir sont finalement les véritables raisons du « risque négatif ».

Dans la gestion des risques, la recherche concrète de cygnes noirs, événements catastrophiques, est probablement impossible, cela indique justement que des événements et développements futurs importants sont certainement inimaginables. Les cygnes noirs remettent-ils en question la gestion des risques ? Non, certainement pas, car outre les quelques risques véritablement imprévisibles, comme certains risques naturels (aléas), il existe de très nombreuses menaces et de considérables dangers qui peuvent être identifiés à temps et donc perceptibles grâce au management des risques.

Donc, si nous ne pouvons pas identifier de manières formelles les cygnes noirs, il reste suffisamment de cygnes blancs sur lesquels nous pouvons nous baser pour gérer les risques. La plupart des risques sont détectables et par conséquent prévisibles. Ils nous montrent les incertitudes, non seulement celles qui ont des effets négatifs, mais aussi les « risques positifs », c'est-à-dire les opportunités.

Commençons donner un aperçu des 13 facteurs de réussite de la gestion des risques qui seront développés un à un. Ils figurent à la fin de chaque sous-chapitre :

1.4 Aperçu des facteurs de réussite

Facteur de réussite 1	**La détection précoce des risques est le résultat d'une expertise, d'une communication (transparence) et d'un consensus.**
Facteur de réussite 2	**La gestion des risques ne peut réussir qu'avec la volonté proactive des dirigeants (Tone at the Top) et un leadership fort.**
Facteur de réussite 3	**Un processus structuré et des méthodes qualitatives et quantitatives éprouvées garantissent une gestion des risques efficace.**
Facteur de réussite 4	**La direction aborde les risques majeurs à une « hauteur de vol » adéquate.**
Facteur de réussite 5	**La politique et les directives définissent les objectifs ainsi que le périmètre de la gestion des risques.**
Facteur de réussite 6	**La gestion des risques nécessite des responsabilités claires. Et moins, c'est mieux !**
Facteur de réussite 7	**La gestion de la qualité et du contrôle interne met l'accent sur la maîtrise des processus (activités), tandis que la gestion des risques oriente les activités en se concentrant sur la gestion des risques majeurs.**

Facteur de réussite 8	**Les risques ayant des conséquences graves ou catastrophiques ne doivent pas être multipliés par leur faible probabilité de survenance (fréquence).**
Facteur de réussite 9	**Les risques dont la probabilité de survenance (fréquence) est faible sont parfois mal interprétés, voire souvent occultés.**
Facteur de réussite 10	**La mission de l'organisation ne passe pas avant tout, contrairement à la sécurité qui doit toujours être garantie.**
Facteur de réussite 11	**Les conflits d'objectifs non résolus provoquent des risques graves.**
Facteur de réussite 12	**Une organisation avec une communication ouverte (transparence) sur les risques et une culture de l'erreur développée avec une sensibilisation à la sécurité protège les personnes contre les risques.**
Facteur de réussite 13	**L'utilité de la gestion des risques est de réduire les erreurs et les dommages et, de manière induite, les coûts et les charges d'une organisation.**

2. Facteurs de réussite

2.1 Une détection précoce et fiable

La gestion des risques implique une identification des risques, si possible de manière le plus précoces possible. La plupart des lois exige au minimum une évaluation des risques. Si tous les risques étaient des cygnes noirs, difficilement identifiable, il n'y aurait pas de détection précoce possible et les risques nous surprendraient, Nous serions impuissants face à eux. Nous pouvons nous rassurer, il existe de nombreux cygnes blancs que nous pouvons distinguer si nous les identifions correctement. L'exemple suivant montre clairement qu'un processus d'identification des risques systémique conduit à des résultats fiables :

Exemple pratique :
Identification des risques, Backtesting (Tests rétroactifs)

Les organes dirigeants d'une grande entreprise d'approvisionnement en énergie ont reconnu très tôt l'importance d'une bonne gestion des risques pour sa pérennité. Nous avons été chargés d'identifier, d'évaluer et de gérer les risques majeurs dans l'ensemble du groupe en collaboration avec les propriétaires de risques. Pour apprécier les principaux risques, nous avons utilisé deux approches méthodologiques :

La première méthode d'identification des risques consistait en une collecte systématique des facteurs d'influence, grâce à une liste de dangers/menaces, dans laquelle tous les domaines d'activité du groupe ainsi que les services centraux du groupe étaient cartographiés avec leurs objectifs, leurs activités, et leurs exigences juridiques et techniques. L'identification des risques s'est orientée d'une part sur le contexte interne et externe, analyse SWOT ou PESTEL, de l'organisation, tel que défini dans les normes.

D'autre part, nous avons intégré des données et indicateurs complémentaires, provenant de tableaux de bord prospectifs, « Balanced ScoreCard », selon les quatre perspectives (axes) qui sont :
❖ clients/produits,
❖ compétences/ressources,
❖ processus internes et
❖ finances.

La deuxième approche méthodologique a joué un rôle tout aussi important dans la détection précoce des risques, qui résultait d'un consensus entre des personnes et des experts connaissant le risque identifié en question. Dans notre cas, il s'agissait non seulement des propriétaires de risques des domaines ventes/négoce, production, réseau, opérations/IT et du Corporate Center. Des experts qui connaissaient bien ces domaines se sont également joints à eux. Il peut s'agir de connaissances du système, d'expériences en matière de sinistres, de connaissances scientifiques et de littérature spécialisée, de normes et de standards.

L'identification systémique des risques a été suivie d'une évaluation de ces derniers et d'une définition d'un traitement avec des mesures appropriées, en gardant à l'esprit le coût/bénéfice de chaque action corrective. Sur les quelque 100 risques majeurs, les dix premiers relèvent de la responsabilité de la haute direction du groupe et environ pour 25 d'entre eux la responsabilité incombait au Corporate Center. Les autres 65 risques étaient de la responsabilité des divisions concernées du groupe et ont été gérés de manière décentralisée.

Après deux ans, le processus de gestion des risques a fait l'objet d'une révision. Il ne s'agissait pas seulement du Controlling des mesures et actions correctives, mais aussi et surtout de ce que l'on appelle le « Backtesting », qui consiste à effectuer des tests rétroactifs et à se demander si des risques se sont réellement réalisés et lesquels. Le résultat a été surprenant :

- Sur 14 risques ayant une probabilité de survenance de 50 %, sept se sont produits (50%),
- sur 25 risques ayant une probabilité de réalisation de 20 %, six se sont produits (24%) et
- sur 30 risques ayant une probabilité de réalisation de 10 %, quatre se sont produits (13%).

Nous avons pu constater que les risques en question ne se sont certes pas concrétisés avec leurs éventuelles conséquences évaluées, qui constituaient la base de la cartographie des risques. Nous n'étions pas dans la zone du pire des cas, en référence au principe de l'iceberg, mais dans une gravité inférieure, de plus faible impact.

Cependant, quelques années plus tard, plusieurs des risques identifiés se sont effectivement produits dans le scénario de la pire éventualité, par exemple :

- Le moratoire, puis l'abandon progressif de l'énergie nucléaire a entraîné l'arrêt de la planification déjà entamée d'une nouvelle centrale nucléaire. Dans le scénario de risque, ces coûts de planification avaient été estimés à 50 millions, tandis que l'amortissement des coûts accumulés à ce moment-là s'élevait à 35 millions.

Les résultats du Backtesting ont été étonnants car l'évaluation des risques s'est avérée extrêmement précise. Nous avons constaté que l'identification systématique des risques était fiable, mais elle ne constituera jamais une science exacte !

Exemple pratique :
Évaluation fiable des risques

Prenons un autre exemple de détection précoce et d'identification des risques qui provient du secteur de l'aviation. Une société internationale disposant d'une cinquantaine d'avions gros porteurs devait se repositionner stratégiquement sur le marché et cela en profondeur. La direction a élaboré un projet qui s'est déroulé sur plusieurs années. Comme celui-ci suscitait de sérieux doutes en interne quant à sa réussite et que des incertitudes considérables se répandaient dans les cercles de direction, le gestionnaire des risques nous a demandé de procéder à une évaluation des risques du projet. Il s'articulait autour des éléments « Operation », « Maintenance », « Organisation/Staffing » et « Transition Management ». L'objectif de la gestion des risques, dans ce cas, était de recueillir le point de vue des cadres, et notamment des pilotes, sur les menaces qui pesaient sur la réussite du projet. Pour ce faire, le déroulement suivant a été établi :

- Évaluation des risques par la moitié des managers affectés au groupe d'avions A.
- Évaluation des risques par l'autre moitié des managers du groupe d'avions B.
- Evaluation des risques réalisés avec le top management, selon la même méthode et les mêmes contraintes de temps.
- Ces trois évaluations des risques ont été comparées entre elles et les différences importantes ont été clarifiées.

Le résultat était intéressant. Les cadres des groupes A et B ont exprimé les mêmes opinions sur presque tous les aspects des risques liés au projet. Et en particulier, la conclusion commune était que le top management n'était pas du tout conscient des risques du projet et qu'il déléguait les points critiques du projet à l'échelon supérieur.

Étonnamment, le top management est arrivée à une conclusion très similaire dans son évaluation des risques du projet comme pour les groupes A et B. Les dirigeants n'arrivaient presque pas à y croire. Sans que les différentes parties prenantes en soient conscientes, il existait un degré élevé de consensus sur les risques du projet.

Jusqu'à l'évaluation des risques, aucun membre de la haute direction ou des cadres n'avait suffisamment abordé ces sujets brûlants. Les risques majeurs étaient passés sous silence. Le top management ne voulait pas accroître l'incertitude parmi les cadres et les cadres des groupes A et B n'osaient pas soulever les problèmes, pourtant évidents, du projet et d'en discuter avec le top management.

On peut déduire de ces deux exemples le premier facteur de réussite de la gestion des risques :

Facteur de réussite 1

« La détection précoce des risques est le résultat d'une expertise, d'une communication (transparence) et d'un consensus. »

2.2   La volonté des dirigeants

Ces dernières années, de nombreuses normes relatives aux systèmes de gestion ont été élaborées. Leur point commun est que la direction joue un rôle important dans leur mise en œuvre. Pour le dire d'une autre manière, on peut citer l'expression « Tone at the Top » ou « c'est le top management qui donne le ton ». Cependant, ces tâches de gestion ne concernent pas seulement le ton (volonté des dirigeants), mais également les activités d'amélioration continuent selon l'outil méthodologique **Plan** > **Do** > **Check** > **Act** (P-D-C-A), planifier – déployer/mise en œuvre - contrôler – agir/ajuster, telle que définie par le célèbre principe de la roue de Deming.

Dans notre contexte, ces tâches concernent aussi la gestion des risques de l'organisation ou de l'entreprise et cela ne peut se faire sans la volonté explicite du top management.

Les normes contiennent diverses approches pour adresser les responsabilités des organes d'une organisation en matière de gestion des risques.

- La norme ISO 31000 exige une « intégration » cohérente des activités de gestion des risques dans toutes les activités de l'organisation en commençant par la gouvernance de l'organisme. L'accent est mis sur le « leadership et l'engagement » de la direction. La norme ne fait toutefois pas de distinction entre les autres rôles et responsabilités.

- La série ÖNORM D 490x, qui se veut une spécification de l'ISO 31000, reconnaît quatre fonctions différentes dans la gestion des risques : la haute direction (top management), les propriétaires des risques (cadres dirigeants qui peuvent contrôler ou modifier un risque), les gestionnaires des risques (personnes qui soutiennent la mise en œuvre du processus de gestion des risques) ainsi que les auditeurs, sachant qu'en anglais, le terme « *auditor* » correspond également au terme allemand de « Wirtschaftsprüfer » ou de « réviseur », ainsi qu'auditeur interne. Les auditeurs ont pour mission de vérifier de manière objective et indépendante l'efficacité du système de gestion des risques. Pour ce faire, ils doivent disposer des compétences nécessaires en matière de gestion des risques. La législation suisse prévoit pour les grandes entreprises, à l'article 961c al. 2 ch. 2. la présentation dans le rapport de gestion la réalisation d'une évaluation des risques. L'évaluation des risques n'est pas directement auditée par les réviseurs, car l'établissement du rapport de gestion est de la responsabilité de la haute direction. Toutefois, les mesures et activités de contrôles qui figurent dans le système de contrôle interne seront, elles, passées au crible par ces derniers.

- Les auditeurs, internes, externes ou réviseurs, dans le cadre du contrôle interne se base volontiers le modèle des « Three Lines of Defence » (3 LoD), « trois lignes de défense » appelé également « trois lignes de maîtrise » dans sa version 2020, de The Institute of Internal Auditors (IIA).

La première ligne de défense est responsable de la gestion quotidienne des risques, qui comprend les responsables opérationnels, qui identifient, évaluent et gèrent les risques dans leurs domaines de responsabilité respectifs et sont également chargés de mettre en œuvre les contrôles nécessaires pour atténuer ces risques et de veiller au respect des lois et réglementations en vigueur (contrôle par le management opérationnel).

La deuxième ligne se compose de fonctions et d'équipes qui soutiennent et supervisent la gestion des risques, en veillant à ce que les pratiques de management des risques s'alignent sur les objectifs de l'organisation, qui comprend la gestion des risques, la conformité et d'autres fonctions de contrôle qui fournissent des orientations et un contrôle à la première ligne et veille à ce que les processus de gestion des risques de l'organisation soient efficaces et conformes aux lois, règlements et normes en vigueur (contrôle des contrôles par les fonctions).

La troisième ligne représente la fonction d'audit interne, qui fournit à l'organisation des services d'assurance (pérennité, continuité des activités) et de conseils indépendants, qui évalue l'efficacité des processus de gestion des risques et de contrôle interne et fournit des évaluations objectives et des recommandations à la haute direction de l'organisation (audit des contrôles et processus). Les deux premières lignes sont pilotées par la direction et supervisée par la haute direction. Cependant, il est dommage que la gestion des risques soit transformée en une discipline défensive. Les opportunités n'ont pas leur place dans cette conception défensive. La responsabilité de la haute direction en cas d'actes contraires à ses obligations et la défense contre la responsabilité de la direction se trouvent bien plus à l'arrière-plan

- Dans la gestion des risques, nous rencontrons souvent des « délégués » ou « responsables », comme par exemple le responsable de la santé et sécurité, le responsable des ressources humaines, le responsable de la conformité (compliance), le responsable du controlling ou le responsable de la protection des données notamment. Ces fonctions sont souvent obligatoires au sein d'une organisation du fait d'une obligation légale ou d'un régulateur. Bien que la responsabilité de la haute direction soit supposée dans le cadre du système des délégués, ces derniers mènent volontiers leur propre vie grâce à leur niveau de spécialisation professionnelle, à l'abri de toute influence étrangère. Il en résulte souvent de petits royaumes qui agissent volontiers seuls au sein de l'organisation comme dans un silo. Le concept de gestion des risques organisationnels vise à remédier à cette situation en incitant les spécialistes concernés à communiquer et à se coordonner davantage entre eux.

L'implication de la direction dans les tâches de gestion des risques peut également être évaluée par le modèle de maturité ci-dessous.

Niveau 1	Passif	La direction affirme que l'organisation et ses dirigeants ont toujours, de manière spontanée, voire automatique, pris en compte les risques dans les activités de l'organisation.
Niveau 2	Réactif	La gestion des risques est déclarée importante. Des mesures concrètes ne sont prises que si un événement/dommage grave s'est produit ou si certaines activités d'analyse des risques et de contrôle sont obligatoires en raison de réglementations ou législations afin d'éviter toute responsabilité des organes dirigeants.
Niveau 3	Standard / Calculé	Des sous-systèmes et des instruments sont mis en œuvre pour gérer les risques. Cela conduit souvent à une bureaucratie dans laquelle de nombreux risques sont répertoriés et administrés dans de nombreuses divisions ou départements. La gestion efficace des risques est lacunaire. Les instructions de service servent de garantie juridique. Des certifications formelles sont destinées à prouver l'efficacité du système.
Niveau 4	Proactif	Un système de gestion des risques a été mis en place. Les cadres et les collaborateurs ont connaissances des risques, les ont compris et s'efforcent de les gérer. La direction générale est informée des résultats et participe à la gestion des risques. L'amélioration continue, voire l'excellence, est introduite en tant que processus et ce dernier est opérationnel et est évalué.
Niveau 5	Mature	La gestion des risques fait partie de la culture de l'organisation. Il est privilégié une atmosphère ouverte, les erreurs et les aspects de la sécurité sont discutés sans crainte. La sensibilisation à la sécurité est vécue dans toute l'organisation, à tous les niveaux hiérarchiques. Les aspects liés aux risques sont intégrés dans les décisions stratégiques et les activités opérationnelles et traités avec des méthodes éprouvées. La gestion des risques est une évidence.

À quoi ressemble la réalité aujourd'hui ?

Voici un exemple positif :

Exemple pratique :
Gestion des risques dans l'administration de la Confédération Suisse

Il est probablement unique au monde qu'un gouvernement étatique ait introduit une « gestion des risques dans son administration ». Il ne s'agit pas que du domaine d'activité de la protection civile de la population. Celle-ci existe dans de nombreux pays et utilise à son tour des techniques de gestion des risques. La gestion des risques de l'administration de la Confédération suisse se concentre sur les risques qui affectent les objectifs et les activités de gestion de l'administration, à l'instar de la gestion des risques.

La gestion des risques se fonde sur la directive sur la politique de gestion des risques menée par la Confédération de 2010. Celle-ci a été signée par la Présidente du Conseil fédéral de la Confédération suisse de l'époque et charge toutes les unités administratives de gérer leurs risques. Chaque unité administrative dispose d'un expert en matière de risques et chaque département dispose d'un responsable de la gestion des risques. Un service de coordination au sein de l'Administration fédérale des finances normalise et contrôle le processus de gestion des risques dans l'ensemble de la Confédération suisse.

Les personnes responsables de la gestion des risques doivent suivre au moins trois jours de formation qui les initie à la gestion des risques telle que définie au niveau fédéral. L'objectif de la formation est d'impliquer activement chaque fonctionnaire dans la gestion des risques de la Confédération suisse. Ils doivent soutenir les directeurs des unités administratives ainsi que d'autres propriétaires de risques dans le processus de gestion des risques.

Le manuel de gestion des risques de la Confédération, accessible au public sur Internet reprend le contenu des normes internationales reconnues dans la mesure où il est applicable à la gestion des risques d'une administration. Les référentiels utilisés à la Confédération suisse découlent de la norme ISO 31000 et des spécifications de la série ONR 4900x et de la série ÖNORM D 490x. Le manuel de gestion des risques de la Confédération est publié dans l'internet.

Le processus de gestion des risques débute dans les unités administratives à l'automne. Les risques sont signalés au niveau du département et y sont agrégés. La Conférence des secrétaires généraux aborde en profondeur les principaux risques, dits majeurs pour l'administration. C'est ici qu'est décidé quels risques seront présentés au Conseil fédéral (gouvernement). Aujourd'hui, une vingtaine de risques au niveau fédéral reviennent au « top management » de l'administration. Les risques sont présentés dans un bref scénario et évalués selon la méthodologie du « Credible Worst Case », scénario du pire cas crédible. Presque tous les risques font également l'objet de mesures de réduction de l'impact et de la fréquence– mesures de prévention et de protection – qui font parties des contrôles internes et sont soumis à un controlling approprié.

Les risques ayant un impact important concernent souvent plusieurs départements et unités administratives. Afin de les considérer et de les comprendre dans leur ensemble, il est créé une catégorie de risques que l'on appelle « risques transversaux ». Ils sont basés sur les risques sources initiaux et se voit attribuer un propriétaire de risque principal.

Alors que la gestion des risques de la Confédération suisse a pour mission de trouver et de représenter les principaux risques de l'administration, différents autres sous-domaines de la gestion des risques s'occupent de questions spécifiques, notamment de la gestion de crise, de la gestion de la continuité des activités, du système de contrôle interne, de la gestion de la conformité, de la gestion de projet, des technologies de l'information et de la communication et d'autres domaines. Les personnes responsables de la gestion des risques sont tenues d'établir un échange d'informations avec les responsables correspondants des sous-domaines et de servir activement ces interfaces à tous niveaux.

En tant qu'autorité de surveillance parlementaire de la Confédération suisse, la Commission est régulièrement informée de la gestion des risques au niveau fédéral. Le Contrôle fédéral des finances peut, quant à lui, procéder à des évaluations, voire enquêtes, ciblées, notamment sur l'efficacité de la gestion des risques de l'administration fédérale.

Si l'on voulait classer la gestion des risques de la Confédération dans le modèle de maturité, on arriverait au niveau 4 « Proactif » en considérant l'ensemble de l'organisation de l'administration.

2.3 Avec une approche systématique et des méthodes éprouvées

L'une des caractéristiques essentielles de la gestion des risques, comme tout système, est qu'elle doit se dérouler de manière systématique et structurée en appliquant à toute l'organisation de manière cohérente le processus de gestion des risques. « Nous connaissions déjà nos risques, mais nous ne les avions jamais traités et surveillés de manière systématique jusqu'à présent », a déclaré un CEO qui s'exprimait au nom de nombreux managers à l'issue d'un atelier sur la gestion des risques. C'est grâce à la norme ISO 31000 qu'un processus de gestion des risques universel a été défini, reprenant le processus de la norme australienne AS/NZS 4360, et le promu de manière uniforme dans le monde entier.

La première publication de la norme ISO 31000 en 2009 a donc eu une influence considérable sur d'autres normes, notamment sur la norme ISO 9001 « Systèmes de management de la qualité – Exigence », qui domine le marché mondial et qui, avec la révision de 2015, prend enfin en compte la gestion des risques. Ceci s'exprime par l'exigence de l'application d'une « approche basée sur les risques ». Dans l'introduction de la norme, il est indiqué que cette notion était déjà présente dans les éditions précédentes, en ce sens qu'elle exigeait la mise en œuvre de mesures de prévention, mais n'était pas assez lisible. Désormais, les organisations doivent planifier des mesures pour traiter les risques et les opportunités.

Malheureusement, la norme ISO 9001 n'a pas exigé l'application du processus de gestion des risques selon la norme ISO 31000. Le concept « approche par les risques » y est introduit, mais il n'est pas assez clairement spécifié et reste non contraignant. Comment une organisation peut-elle prendre des mesures pour gérer les risques en l'absence d'une définition claire d'une appréciation des risques – ensemble du processus d'identification systématique des risques, d'analyse des risques et d'une évaluation des risques ? Il n'y a pas non plus de délimitation du système, ni de description d'un référentiel (« Framework », cadre de référence), ne de définition des conditions-cadres (politique, directives, etc.) et les critères de risque font défaut. Il est donc à craindre que, comme effet secondaire du concept d'une « approche par les risques » (pensée fondée sur les risques), certains spécialistes de la gestion de la qualité deviennent également des experts de la gestion des risques. Les véritables facteurs de réussite de la gestion des risques pourraient être négligés, sauf si les gestionnaires de la qualité suivent une formation sur la gestion des risques et qu'ils soient ouverts et curieux.

L'effet positif est la non-multiplication des postes et fonctions dans l'organisation, cela permet ainsi une certaine économique de charges.

Au lieu d'une « approche par les risques », trop vague, une « approche basée sur les risques », comme l'exige notamment le « Framework » COSO sur les contrôles internes (COSO IC 2013), doit être basée sur un processus de gestion des risques qui soit appliqué de manière systématique et mis en œuvre dans toute l'organisation avec des méthodes éprouvées. Cette approche conduit la direction à prioriser et à se concentrer sur les questions qui permet la pérennité de l'organisation en raison des incertitudes, en identifiant également les opportunités qui se présentent.

Le processus de gestion des risques comprend les étapes suivantes, telles que définies au chapitre 6 de la norme ISO 31000 :2018 :

-   **Conditions-cadre, contexte et critères** : avant de commencer le processus de gestion des risques proprement dit, les conditions-cadres doivent être clarifiées. L'établissement du périmètre d'application, du contexte et des critères a pour but d'adapter le processus de gestion des risques, en permettant une appréciation du risque efficace et un traitement du risque approprié. Le contexte et les critères impliquent de définir le périmètre d'application du processus et de comprendre le contexte interne et externe.Ainsi cela délimitera le périmètre de la gestion des risques et, par voie de conséquence, quelles seront les responsabilités à prendre en compte et les critères de risque utilisés pour déterminer la gravité d'un risque. On peut parler de définition du système. Le résultat met en évidence les inclusions et les exclusions.

- **Identification des risques** : étant donné que le risque est défini comme « l'effet de l'incertitude sur les objectifs stratégiques, les activités opérationnelles et les exigences législatives et réglementaires », la gestion des risques orientera les activités de l'organisation. L'identification des risques a pour but de rechercher, reconnaître et décrire les risques qui peuvent aider ou empêcher un organisme d'atteindre ses objectifs. Il est essentiel que les informations utilisées pour l'identification des risques soient pertinentes, appropriées et à jour. L'identification des risques part de la stratégie de l'entreprise et pose la question de savoir dans quelle mesure les objectifs stratégiques seront atteints. L'évolution de l'environnement doit être prise en compte, tout comme les changements au sein de l'organisation. Ensuite, les activités opérationnelles doivent être examinées. Les aspects dominants ici sont la gestion de la continuité des activités ou de l'interruption de l'exploitation. L'organisation peut utiliser un éventail de techniques pour identifier les incertitudes pouvant avoir une incidence sur un ou plusieurs objectifs. Les chaînes d'approvisionnement, les ressources humaines et les systèmes d'information sont de plus en plus au premier plan. Enfin, il convient de déterminer les exigences auxquelles l'organisation doit répondre, en termes réglementaires et/ou législatives. Ces exigences sont aujourd'hui si variées qu'il n'est pas facile d'avoir et de conserver une vue d'ensemble dans ce domaine.

- **Analyse des risques** : cette étape-là est la plus exigeante du processus de gestion des risques. L'analyse des risques a pour but de comprendre la nature du risque et ses caractéristiques, y compris le niveau de risque, le cas échéant. Elle implique la prise en compte détaillée des incertitudes, des sources de risque, des conséquences, de la vraisemblance, des événements, des scénarios, des moyens de maîtrise et de leur efficacité. Un événement peut avoir des causes et conséquences multiples et affecter des objectifs multiples. Il faut donc comprendre les risques, non pas de manière générale, voire sommaire, mais de manière très précise. Il s'est avéré utile de structurer l'analyse des risques selon les aspects suivants : la « situation de départ » (quels sont les objectifs, les activités, les exigences ?), la « description du risque » et ses « causes » (comment et par quoi les objectifs et les activités sont-ils menacés ?), la nature exacte du risque et de son « impact » sur différentes valeurs d'évaluation (stratégie, performance, capital, clients, réputation, etc.). L'analyse des risques ne se résume pas en quelques mots ; il s'agit plutôt une description concrète et compréhensible d'une incertitude ou un danger à l'intention de la haute direction et des parties prenantes internes et externes. Il vaut la peine d'investir dans l'analyse des risques, tant sur le plan matériel que rédactionnel, car plus elle est claire, plus l'évaluation des risques et les mesures de gestion et de surveillance des risques peuvent être définies concrètement et par voie de conséquence utiles. L'analyse des risques peut être menée à différents niveaux de détail et de complexité selon la finalité de l'analyse, la disponibilité et la fiabilité des informations et les ressources disponibles. Les techniques d'analyse peuvent être qualitatives, quantitatives, ou une combinaison de celles-ci, selon les circonstances et l'utilisation prévue.

-   **Évaluation des risques** : elle poursuit deux objectifs : d'une part, l'évaluation des risques sert à déterminer les priorités et d'autre part, elle fournit des informations sur la capacité de supporter un événement à la suite de la réalisation d'un risque. L'évaluation des risques a pour but de déboucher sur des décisions plus judicieuses. Elle consiste à comparer les résultats de l'analyse des risques aux critères de risque établis afin de déterminer si une action supplémentaire est exigée, telle que la réduction de la fréquences et/ou de la gravité – prévention et/ou protection – et la mise en œuvre des mesures correctives. Lorsque l'évaluation des risques fixe des priorités, il s'agit en premier lieu de s'attaquer aux risques ayant un grand impact. Les ressources dont dispose l'organisation sont principalement destinées à la pérennité et au développement de l'organisation. On parle aussi d'allocation de ressources (finances, encadrement, temps, etc.). L'attention portée par la direction à la gestion des risques et aux risques majeurs joue un rôle primordial. L'évaluation des risques fournit également des informations sur la capacité de l'organisation de supporter un événement à la suite de la réalisation d'un risque. Celle-ci peut être évaluée séparément pour chaque risque, en mettant en relation l'impact potentiel du risque avec une valeur financière, comme le bénéfice annuel, le chiffre d'affaires, la marge ou l'EBIT, voire les fonds propres. Les méthodes statistiques permettent de mettre en relation le risque global agrégé avec les fonds propres disponibles. Toutefois, tous les risques ne peuvent pas être quantifiés financièrement. D'autres critères d'évaluation importants sont « la vie et l'intégrité corporelle », la continuité d'exploitation ou les valeurs de l'entreprise, dont la transgression peut entraîner une atteinte à la réputation et donc une perte de valeur plus ou moins importante de la société.

-   **Traitement des risques** : la chose la plus importante dans la gestion des risques est la réduction et le suivi des risques qui dépassent une certaine limite acceptable, appelée seuil de tolérance. Cette limite est définie par les critères de risque. Le traitement des risques a pour but de choisir et de mettre en œuvre des options pour aborder les risques et cela implique un processus itératif. Il est également important de garder à l'esprit que les menaces et les opportunités doivent être mises en balance, comme dans les analyses coût/bénéfice.

La mise en place d'un processus de gestion des risques se fait à l'aide de différentes méthodes. Une distinction courante répertorie cinq groupes de méthodes, à savoir :

- **Techniques de créativité** : il s'agit notamment du brainstorming, du World Café (brainstorming pour les grands groupes) et de la méthode Delphi. Cette dernière est une interview structurée pour l'analyse des tendances ou l'analyse des risques.
- **Techniques de scénarios** : lorsqu'un scénario de risque s'est produit, l'analyse des sinistres peut faire la lumière rétrospectivement sur le risque tout comme l'analyse du dommage. L'analyse de scénario, très populaire, permet la description du risque des organisations, ses causes et ses conséquences, et l'évalue selon le principe du « Credible Worst Case », scénario du pire cas crédible, soit la définition d'un scénario du pire cas possible le plus probable. Cette analyse est effectuée généralement pour des risques pour lesquels il n'y a pas de données statistiques et il est ainsi procédé à une analyse qualitative du risque. Une structure similaire à l'analyse de scénarios est à la base de l'analyse par arbres de pannes et d'événements. Il s'agit d'une méthode de description quantitative des probabilités de survenance de différentes causes et peut être complétée par une gestion des incidents critiques (CIRS).
- **Analyses d'indicateurs** : l'accent est mis sur des systèmes de déclaration des erreurs et des incidents. Les traitements des cas se fait au travers d'une gestion des incidents (CIRS) qui traitent des incidents critiques, quasi-accidents. Lors de l'utilisation de systèmes de déclaration d'incidents critiques dans le système de santé, les signalements doivent être avec faible seuil, anonymes, volontaires

et sans sanctions. L'analyse prospective des risques (Horizon Scanning), quant à elle, tente de soutenir la gestion du changement en détectant, en analysant et en faisant remonter les changements émergents à la direction à un stade précoce afin de prendre les meilleures décisions pour l'avenir.

- **Analyses de danger** : il s'agit principalement d'analyses de systèmes et de processus opérationnels, à petite échelle, qui sont utilisées, par exemple, dans le développement de produits ou la planification de la production dans l'industrie automobile. L'utilisation d'analyses des risques liés aux processus a également lieu dans le cadre de la gestion des processus et de la qualité.

- **Analyse statistique** : De nombreuses personnes ayant une formation mathématique et technique utilisent volontiers des méthodes quantitatives, statistiques, pour parvenir à des résultats mesurables en matière de gestion des risques. Les écarts-types et les intervalles de confiance constituent la base statistique à cet effet. La simulation Monte Carlo permet d'obtenir des résultats qui donnent des informations sur la capacité de supporter le risque en comparant la valeur à risque (« Value at Risk » - VaR) ou les pertes attendues (« Expected Shortfall » - ES) avec les fonds propres requis ou existants. Le secteur financier est tenu par la réglementation d'utiliser des méthodes quantitatives, notamment la VaR. Si les fonds propres sont supérieurs au risque global, il en résulte un appétit pour le risque permettant de prendre des risques - et donc des opportunités - plus élevés. Toutefois, si le risque global est supérieur au capital disponible, une réduction du risque global est nécessaire. Il peut également s'agir d'un assainissement de l'ensemble de l'activité.

Une comparaison peut être faite entre les méthodes qualitatives et quantitatives dans la gestion des risques. L'analyse de scénario axée sur la gestion des risques d'entreprise est représentative de toutes les méthodes qualitatives.

L'analyse de scénario n'est certes pas une science exacte, mais les conclusions de cette analyse sont compréhensibles et faciles à suivre pour tout un chacun ou presque. De plus, elle est fiable, si l'horizon des personnes qui participent à l'analyse de scénario proviennent d'horizon très différents et de tous les niveaux hiérarchiques de l'organisation. Aucune autre méthode ne peut remplacer l'exigence d'un examen approfondi des objectifs stratégiques, des activités opérationnelles et des exigences légales et réglementaires (compliance). C'est pourquoi l'analyse de scénarios jouit d'une grande popularité, notamment parce qu'elle s'adresse au management et parle son langage.

Les méthodes quantitatives sont principalement utilisées dans un contexte financier, par exemple pour déterminer les risques des placements financiers, des portefeuilles de crédit ou d'assurance et même pour déterminer les rentes versées aux retraités (calcul actuariels basés sur des statistiques d'espérance de vie et/ou mort).

Depuis peu, on observe que l'application des méthodes statistiques s'étend également à la gestion des risques d'entreprise. La nouvelle norme d'audit PS 340 de l'IDW (Institut der Deutschen Wirtschaftsprüfer, Institut des comptables agréés en Allemagne) exige que la position de risque globale soit déterminée lors de l'examen du rapport annuel des entreprises. Elle doit permettre de se prononcer sur la capacité de l'organisation à supporter les risques.

En matière de gestion des risques, il ne faut surtout pas opposer les méthodes qualitatives et quantitatives. La détermination de la position de risque globale dans une entreprise est une information qui, en plus des scénarios présentés, fournit d'autres connaissances et met en évidence des relations importantes. Toutefois, la direction et les gestionnaires des risques doivent être conscients du fait que les méthodes quantitatives reposent tout autant sur des hypothèses et des estimations. En outre, différents modèles peuvent donner des résultats différents. Ce qui apparaît comme une science exacte dans les méthodes quantitatives est en réalité beaucoup moins fiable qu'il n'y paraît.

2.4 Hauteur de vol de la gestion des risques

Lorsque nous parlons de « hauteur de vol », nous faisons référence aux niveaux de la hiérarchie et aux activités de l'entreprise. Par exemple, la gestion stratégique d'une organisation est peu concrète pour la majorité des collaborateurs d'une organisation et elle présente ainsi une « hauteur de vol élevée ». Les processus opérationnels, en revanche, sont détaillés et ont une « altitude basse ». On parle de « perspective d'oiseau » pour les activités de direction et de « perspective de piéton » pour les processus opérationnels. La gestion des risques s'effectue à des « hauteurs de vol » différentes.

La gestion des risques d'une organisation s'établit principalement à « grande altitude », voire élevée, au niveau de la gestion stratégique. Mais des risques opérationnels sérieux peuvent également faire échouer la stratégie ou mettre à mal la pérennité de l'organisation. Ce sont des sujets auxquels est confrontée le top management. Une des tâches importantes de la haute direction est de s'occuper des risques majeurs, dits également stratégiques ou d'entreprise.

En revanche, certaines activités de gestion des risques se déroulent principalement au niveau des processus opérationnels, tels que le développement de produits, l'approvisionnement, la production et la vente. Pour que ces processus soient fiables, de nombreux détails doivent être maîtrisés et c'est ce que tente d'apporter les contrôles internes par la mise en place d'un système qui permet d'améliorer la maîtrise des processus. Des erreurs et des incidents peuvent survenir dans tous processus. L'évaluation des risques a donc lieu à « basse altitude » et les résultats sont généralement morcelés, fragmentés. Cela ne signifie pas forcément que les risques ainsi identifiés sont mineurs.

Les méthodes de gestion des risques s'appuient également sur la « hauteur de vol ». D'une part, l'analyse de scénarios est effectuée de manière descendante, de haut en bas (top-down); cela signifie qu'à une « grande hauteur de vol », elle a en vue l'organisation entière de manière systémique. La gestion des risques majeurs et organisationnels (gouvernance) en est l'expression. D'autre part, l'analyse des processus et l'analyse de danger s'effectuent selon une approche ascendante, de bas en haut (bottom-up) ; cela signifie qu'elle fonctionne à « basse altitude » et se réfère aux processus ou aux composants du système.

La « hauteur de vol » a d'autres utilités : nous pouvons l'utiliser pour déterminer le niveau de communication, par exemple lorsque la gestion des risques est pratiquée au niveau de la direction d'une organisation ou de l'une de ses divisions, les destinataires sont les cadres. Leur habitude est généralement de lire et d'analyser des rapports écrits plutôt que des tableaux et données bruts ou des formules. Les spécialistes, généralement des managers ou des opérationnels et en particulier ceux ayant une formation scientifique ou économétrique, adorent les statistiques et les formules mathématiques.

Exemple pratique :
Gestion des processus dans un hôpital universitaire

L'hôpital universitaire a décidé de mettre à jour sa gestion de la qualité selon la norme ISO 9001:2015 dans une perspective d'amélioration continue avec une approche « risque ». Il a entrepris de traiter les risques et les opportunités de la manière décrite dans la norme et de les accompagner de mesures correctives. La mise en œuvre a été réalisée de telle manière que plusieurs processus principaux ont été identifiés et documentés dans les principaux services. Au sein du service logistique par exemple, chacun des 8 processus principaux comportait 6 à 12 risques, de sorte qu'environ 70 risques ont été documentés pour ce seul service.

Lorsque nous examinons l'inventaire des risques, nous remarquons ce qui suit :

- L'identification des risques est effectuée dans chaque processus et lors du déroulement de chacun d'eux.
- Chaque risque comprend une description, ses causes et ses conséquences, qui sont ensuite évaluées.
- Les conséquences se rapportent à de nombreuses exigences des processus telles que le temps, l'exactitude, la maîtrise, les ressources, la simplicité, la sécurité, les possibles défaillances du système, etc.
- L'évaluation d'un risque est réalisée en multipliant la probabilité de survenance par l'impact, ce qui donne la criticité d'un risque et permet de le prioriser.
- L'évaluation des risques montre que la plupart des risques sont classés comme « faibles » ou « moyens », seuls quelques risques sont considérés avec une conséquence « grave ».
- Les mesures sont préventives et servent principalement à maîtriser les processus.
- La documentation des risques et des mesures représente une centaine de pages !

Dans l'exemple ci-dessus, une discussion s'est engagée avec la direction du service logistique. Elle avait des attentes différentes en matière de gestion des risques et envisageait que seuls quelques risques importants devraient être traités au niveau de la direction. Ainsi, sur les 70 risques documentés (documentation d'une centaine de pages), seuls 7 risques importants ont été déclarés comme « risques » du service (documentation entre 10 et 15 pages).

Dans l'exemple, le traitement des risques et des opportunités d'un processus, comme l'exige la norme ISO 9001, sert principalement à prévenir les erreurs et incidents dans la gestion opérationnelle de l'organisation. La finalité est une meilleure maîtrise des processus du service logistique. Cependant, la maîtrise des processus n'est toutefois pas synonyme de gestion des risques. C'est le but du système de contrôle interne de donner une assurance sur les processus par une meilleure maîtrise des activités financières. La gestion des risques est quant à elle une aide à la prise de décisions stratégiques et oriente les activités d'une organisation.

2.5   Des conditions-cadre claires

Lorsqu'une organisation a décidé de mettre en place une gestion des risques ou qu'elle y est obligée, par exemple pour des raisons législatives ou réglementaires, la question suivante se pose : quelles sont les conséquences des différentes exigences sur la mise en œuvre d'un processus de gestion des risques ? Selon le cas, le système de management qu'est la gestion des risques doit être orienté de manière claire, sans ambiguïté, pour répondre aux exigences posées. La définition du système ou le référentiel peuvent varier fortement selon les exigences ! Voici trois exemples typiques :

- La gestion des risques **du point de vue de la réglementation** pour l'industrie financière : nous avons vu dans le chapitre précédent qu'il s'agit de **garantir la capacité à supporter les risques** avec les fonds propres disponibles à disposition de l'institut financier. Du point de vue du régulateur, il s'agit de garantir les avoirs des clients et non pas, par exemple, de garantir la perennité d'une banque ou d'une assurance. Le critère de l'importance systémique constitue une exception. Un établissement financier doit disposer de suffisamment de fonds propres pour être en mesure d'honorer toutes ses obligations envers ses clients et ses créanciers. Une fois toutes les transactions effectuées, les fonds propres sont épuisés et il n'est donc plus possible de poursuivre l'activité.

- La gestion des risques **du point de vue de l'atteinte des objectifs** d'une organisation : nous l'avons vu précédemment que la gestion des risques a pour objectif d'**assurer la pérennité** de l'organisation, ce qui est autre chose. Cela implique le maintien ou la poursuite des activités principales, la protection des emplois et la réalisation d'autres objectifs stratégiques et opérationnels de l'organisation. La gestion des risques ne s'attache pas dans ce cas uniquement à l'insolvabilité d'une organisation, mais la garantie de sa pérennité.

- La gestion des risques **du point des différentes exigences légales et réglementaires** pour tous types d'organisation : nous avons pu le voir, de nombreuses autres activités de gestion des risques découlent d'exigences légales et/ou réglementaires. Il s'agit principalement de la **protection de la vie** et de l'intégrité physique et des valeurs, c'est-à-dire de la sécurité des personnes ainsi que des valeurs matérielles et immatérielles et de l'environnement physique. La gestion des risques s'applique dans de très nombreux sous-systèmes, par exemple dans le cadre de la santé et sécurité au travail (SST), (intégrité physique avec une gradation de « blessure légère », « blessure grave », « invalidité » à « décès », etc.) avec la méthodologie « HSE - Hygiène, Santé/Sécurité et Environnement » au travail , aux produits (machines, remontées mécaniques et téléphériques, jouets pour enfants, produits commerciaux et pharmaceutiques, etc.) avec la méthode « AMDEC- Analyse des modes de défaillances, de leur effets et de leur criticité», aux services tels que l'activité dans le domaine de la santé (gestion des risques cliniques) au travers de la méthode « CIRS - Critical Incidents Reporting System », la manipulation de substances dangereuses (protection de l'environnement et des nuisances) avec la méthode « HAZOP Hazard and Operability », identification des dangers et problèmes d'exploitation dans le secteur industriel, la sécurité alimentaire (limitation des risques dans la production alimentaire) avec la méthode « HACCP - Hazard Analysis Critical Control Point », analyse des dangers et point critiques pour la maîtrise de la sécurité sanitaire des denrées alimentaires ou à la protection des valeurs patrimoniales et des « biens juridiques » (droits de la personnalité, des biens immatériels ou de la concurrence, propriété intellectuelle ou atteinte à la réputation, etc.) avec des méthodes notamment qualitatives.

Les critères de risque doivent donc être déterminés en fonction du but et de l'orientation de la gestion des risques. Les critères de risque sont les points de référence selon lesquels un risque est évalué. Il ne s'agit pas uniquement de dimensions financières, bien que celles-ci soient dominantes dans la gestion des risques d'une organisation, car c'est l'indicateur la plus utilisé pour mesurer la performance ou déterminer les marges notamment. Les points de référence suivants sont courants :

Exemple pratique :
Critères de risque multiples (le plus sevère)

- **Points de référence stratégiques** : la stratégie de l'entreprise échoue, les objectifs stratégiques ne sont pas atteints, les perspectives sont médiocres.

- **Points de référence opérationnels** : des processus importants dysfonctionnent ou l'ensemble des opérations sont interrompus pendant une longue période, entraînant une perte d'exploitation qui entraîne une baisse de parts de marché.

- **Points de référence financiers** : le risque entraîne une perte dans les comptes annuels (mesurée par exemple par l'EBIT, la marge opérationnelle, le chiffre d'affaires) et réduit les fonds propres. Dans le secteur financier, il s'agirait à la perte totale des fonds propres mesurée notamment par la « Value at Risk » (VaR).

- **Points de référence de la vie et de l'intégrité corporelle** : les événements les plus graves sont un décès ou une invalidité permanente de collaborateurs, de clients ou de fournisseurs et plus généralement de parties prenantes physiques.

- **Points de référence juridiques** : Les exigences légales ou réglementaires sont sciemment et délibérément ignorées, les responsables doivent répondre de leurs actes devant un tribunal pénal et sont condamnés à titre personnel, mais engage une responsabilité partielle de l'organisation en fonction de l'existence ou non d'un règlement d'organisation.

- **Points de référence liés à la réputation :** la survenance d'un risque porte atteinte à la réputation à long terme, au niveau national, voire international, et cette mauvaise réputation est difficilement « effaçable », etc.

Ces critères de risque sont souvent combinés, la dimension jugée la plus forte étant utilisée dans l'évaluation des risques pour déterminer la criticité d'un risque.

Dans la gestion des risques, les critères de risque concernant la probabilité d'occurrence et l'impact doivent souvent être adaptés aux besoins individuels. L'exemple suivant vient d'une grande banque suisse qui a voulu, dans un cas précis, examiner en détail un problème spécifique dans le domaine de la sécurité. La banque détenait d'importantes réserves de métaux précieux et de liquidités. Au début du processus de gestion des risques, la question s'est posée de savoir quels cas de dommages et de sinistres d'assurance sont réellement connus dans le domaine des braquages de banque et quelle pourrait être l'ampleur des dommages.

Deux cas de dommage illustrent bien ce risque :

Exemple pratique :
Dommage lors du braquage du dépôt de Securitas dans le Kent

L'un des plus grands braquages de banque en Europe s'est déroulé en février 2006. Un groupe de sept hommes et une femme s'était emparé de quelque 53 millions de livres sterling, plus de 120 millions de francs suisse de l'époque, dans un dépôt d'argent de Securitas d'une petite ville de Grande-Bretagne. Les enquêteurs considèrent X, un sexagénaire millionnaire concessionnaire automobile, comme le chef présumé des voleurs d'argent. Les gangsters avaient agi selon un plan élaboré dans les moindres détails. Deux gangsters du groupe, déguisés comme dans un film hollywoodien, s'étaient fait passer pour de faux policiers et avaient pris en otage le manager M, qui travaillait pour la société de transport de fonds G. Simultanément, la famille de M, sa femme et sa fille, a été enlevée par des acolytes des malfaiteurs. Ainsi mis sous pression, M, désespéré, a ouvert le dépôt d'argent à ses tortionnaires. Selon les déclarations des enquêteurs, les auteurs ont fait preuve « d'une extrême brutalité et d'un manque de scrupules ». Entre-temps, tous les participants au complot ont été arrêtés. Jusqu'à présent, seule une partie de la somme a pu être saisie, moins de 3% !

Exemple pratique :
Dommage lors du vol à La Poste à Zurich

Le 1er septembre 1997, cinq voleurs armés de pistolets factices, achetés dans des magasins de jouets, et d'armes réelles mais non chargées sont entrés par effraction dans la Poste de Fraumünster de Zurich à bord d'une Fiat Fiorino. Ils ont dérobé environ 53 millions de francs. L'intrépidité des malfaiteurs et le montant du butin ont d'abord laissé penser qu'il s'agissait de professionnels chevronnés. Par la suite, les auteurs ont été acclamés comme des gentlemen-gangsters et leur acte a été comparé au légendaire braquage de la Poste anglaise.

La banque a défini la « sécurité » comme un ensemble d'événements tels que le vol, l'extorsion, le vol à main armée, la prise d'otages et le détournement de fonds. Les critères de risque ont alors été développées et appliqués selon la grille suivante :

Niveau	Interprétation	CHF
mineur	• Vol et détournement de fonds	< 1 million
faible	• Vol et détournement de fonds • Tentative de vol/prise d'otage	< 3 millions
perceptible	• Vol et détournement de fonds • Tentative de vol/prise d'otage • Allégations graves isolées émanant de la politique/des médias	< 10 millions
critique	• Vol et détournement de fonds • Vol/prise d'otage • Allégations graves temporaires de la part de la politique/des médias	< 30 millions
catastrophique	• Décès lors d'un vol ou prise d'otage ou d'un autre incident de sécurité (p.ex. en cas d'évacuation) • La somme assurée n'est pas suffisante • Allégations graves et persistantes de la part de politiciens/médias avec des conséquences pénales et demandes de démission des organes	> 30 millions

Les critères de risque ont permis à la banque de classer par ordre de priorité les différents scénarios de risque et de développer et mettre en œuvre des programmes d'action correspondants.

Facteur de réussite 5

« La politique et les directives définissent les objectifs ainsi que le périmètre de la gestion des risques. »

2.6 Réclamer la propriété des risques

Le propriétaire et dirigeant d'un équipementier automobile prospère, actif au niveau international et réalisant un chiffre d'affaires de plusieurs centaines de millions, avait l'intention de se retirer des affaires opérationnelles et de laisser la direction exécutive à une jeune génération de managers de l'entreprise. Dans ce contexte, il considérait la gestion des risques et des opportunités comme particulièrement importante. « Si mes futurs dirigeants ne prennent pas de risques, ils ruineront l'entreprise, alors que ce sont les risques que j'ai pris qui a fait la réussite de l'entreprise jusqu'à présent. Tout comme s'ils prennent trop de risques et dépassent les limites de la capacité de risque, il y a de fortes chances que l'entreprise ne survive pas ! ». Fort de ce constat, l'ancien patron nous a chargé de former la nouvelle génération de manager à la gestion des risques et à ses responsables d'unités ! La mission était étonnamment simple :

Exemple pratique :
Trois risques avec trois mesures pour chacun d'eux

« Les responsables des unités commerciales connaissent en détail leurs **trois** principaux risques et chacun de ces trois risques fait l'objet de **trois** mesures ».

Avec une dizaine d'unités commerciales, le total des risques s'élève à 30, dont certains sont de même nature et ont pu être regroupés de manière appropriée en tant que risques transversaux.

L'aspect convaincant de cette mission réside dans la forte appropriation des risques par les cadres. Chaque manager doit non seulement identifier, décrire et évaluer lui-même ses risques, mais surtout en assumer la responsabilité.

Le caractère unique de cette approche de gestion diffère fondamentalement des autres approches :

-   Dans la gestion des risques, on commet souvent l'erreur de ne pas formuler les risques réellement menaçants avec suffisamment de clarté et de précision. Il n'y a pas de place à l'ambiguïté. Les risques sont souvent formulés de manière trop globale, trop générale et trop brève, avec pour résultat que ni les causes ni les effets n'indiquent de manière urgente des mesures de réduction des risques. Il peut certes y avoir des risques individuels acceptés sans mesures, mais une gestion des risques sans mesures d'atténuation est problématique et ne répond pas aux exigences de l'instrument de gestion.

- Si la haute direction n'exige pas la gestion des risques ou ne peut pas l'exiger par manque de clarté, l'effet et l'influence de la direction sur le développement de l'organisation s'évanouissent.

- Une autre erreur se produit lorsque la propriété du risque n'est pas contraignante. Les véritables propriétaires du risque, qui peuvent influencer le risque, n'acceptent pas ce rôle en leur intérieur et s'en remettent aux gestionnaires du risque, qui se sont mis en quatre pour élaborer un rapport sur le risque.

- Après tout, nous connaissons les nombreux cas où il y a des dizaines de risques dans une organisation, consignés sur un papier patient ou, mieux encore, enregistrés dans une base de données informatique résiliente à souhait. Certes, il n'y a rien de mal à documenter les risques de manière correcte et actualisée, mais dans ce cas, « moins on en fait, mieux c'est ».

- Enfin, les mauvaises pratiques en matière de gestion des risques sont celles qui veulent voir « tous » les risques dans une organisation ou un système. Cette approche découle d'un faux sentiment de responsabilité et de la peur d'ignorer les risques et donc de ne pas les traiter. Cette approche n'a pas compris que l'impact de ces risques diminue progressivement jusqu'à ce qu'ils deviennent l'objet des activités quotidiennes. Cela n'a alors rien à voir avec la gestion des risques. Il s'agit de contrôle de processus.

Exemple pratique :
1000 risques ! Quoi faire ?

Le service juridique d'un grand groupe hospitalier avait introduit une gestion des risques cliniques car il estimait qu'il était plus sage de tenter d'éviter les poursuites en responsabilité que de payer en finalité. Les propriétaires de risques cliniques et les gestionnaires de risques ont été formés pour élaborer une évaluation des risques dans leur domaine de compétences dans le cadre formel d'un projet. Le nombre de rapports sur les risques a augmenté de manière importante, mais proportionnellement au nombre de participants à la formation. Afin de gérer les évaluations des risques, un logiciel approprié a été acheté et les risques ont été documentés dans ce dernier.

Après une longue période d'observation, les cadres ont exprimé leur scepticisme à l'égard de la gestion des risques et ont estimé que les rapports sur les risques et les différents risques étaient devenus difficiles à gérer, voire plus gérés.

Le conseil d'administration du groupe hospitalier a pris la décision de définir 10 risques majeurs au lieu des 1'000 risques du groupe, qui représentaient 90 % des risques cliniques identifiés. Chaque département a été autorisé à ajouter deux risques supplémentaires en compléments des 10 risques majeurs.

Le conseil d'administration a alors demandé à chaque service de prendre position chaque année sur ces risques majeurs (10 à 20), en expliquant comment ces risques étaient évalués chez eux et quelles mesures correctives seraient nécessaires pour les traiter et pour essayer de les maîtriser.

Facteur de réussite 6

« La gestion des risques exige des responsabilités claires.
Et moins, c'est plus ! »

2.7 Points centraux de la gestion de la qualité et de la gestion des risques

Les normes ISO 9001 et ÖNORM D 4901 ont toutes deux une architecture selon, ce que l'on appelait anciennement, la structure de haut niveau, « Structure de Niveau Supérieur » (« High Level Structure » - HLS). Cette terminologie a été remplacée en 2023 par la « Structure harmonisée » (Harmonized Structure – HS). Une HS comprend non seulement des définitions uniformes, mais aussi une structure en 10 parties selon laquelle toutes les normes ISO relatives aux systèmes de management doivent être construites, qu'il s'agisse d'exigences ou de recommandations. Cette structure permet désormais à l'utilisateur de comparer le traitement des thèmes correspondants dans les chapitres prédéfinis. De nombreux contenus sont très similaires les uns aux autres. Examinons donc de plus près différents chapitres des deux normes :

Le chapitre 4 de la norme ISO 9001 décrit le **contexte de l'organisation**. Cela concerne la gouvernance et la gestion de la qualité mais également la gestion des risques. Ce chapitre définit le système de management. De nombreuses terminologies sont similaires, voire concordantes, notamment la compréhension de l'organisation et de son contexte ainsi que les exigences du client, les besoins et les attentes des parties intéressées pertinentes et la satisfaction du client. Une différence essentielle apparaît toutefois d'une part dans le champ d'application, où la gestion des risques vise à traiter les risques essentiels. L'autre différence réside dans le fait que la gestion de la qualité s'occupe en général des processus pertinents. La maîtrise de ces derniers devient le thème central. En revanche, la gestion des risques met l'accent sur les thèmes matériels de la gestion des risques organisationnels, risques majeurs ou d'entreprise, et de ses sous-domaines basés sur les risques opérationnels, dont font également partie la gestion des urgences et des crises. Cependant, l'exigence d'identifier et d'évaluer les **risques principaux**, appréciation des risques, est mise en avant dans les normes. Le processus de gestion des risques, en particulier la détermination du contexte, l'évaluation des risques et la maîtrise des risques, jouent un rôle central.

La description des **fonctions de gestion** se trouve dans le **chapitre 5** de la norme ISO 9001. Il existe ici quelques différences notables entre la gestion de la qualité et la gestion des risques. La gestion de la qualité met l'accent sur l'orientation client et exige que les risques et les opportunités soient traités. Sur le plan du contenu, la gestion des risques adopte une approche différente. Le rôle et la responsabilité de la haute direction comprennent par exemple la **gestion des risques et opportunités les plus importants** au sein des organes compétents en la matière, notamment par le conseil d'administration et/ par le comité d'audit et risque, et la détermination de la capacité de l'organisation à supporter les risques.

La **politique, voire directives, et la stratégie en matière de risques** d'une organisation précisent ensuite le contenu de la gestion des risques et la manière dont les objectifs doivent être atteints. Elles font notamment référence au référentiel (« Framework », cadre de référence) et aux méthodes de gestion des risques.

Exemple pratique :
Politique des risques d'une organisation en quelques mots

Principes
Gestion des risques garantit le succès de l'entreprise

- Point de départ : mission et stratégie d'entreprise
- Qu'est-ce qu'un risque : objectifs, activités et exigences
- Rôle de la direction, des cadres et des gestionnaires des risques
- Culture « ouverte » de l'erreur qui s'oppose à une culture de blâme, gestion des incidents et sensibilisation à la sécurité, communication

Applications de la gestion des risques

- Gestion des risques de l'organisation assure sa pérennité
- Interfaces avec les sous-domaines de la gestion des risques
- Gestion des urgences, des crises et de la continuité

Engagement de la direction

- Gestion des risques comme outil de gestion et système de management
- Plan > Do > Check > Act
- Mandat de la gestion des risques confié par la direction à tous les cadres ou managers
- Ressources nécessaires incluent compétences et temps

Responsabilités
- Managers, en tant que propriétaires des risques, gèrent les risques
- Gestionnaires de risques apportent un soutien technique au processus

Assurance
- L'assurance prend en charge la partie financière des risques
- Gestion des risques augmente l'assurabilité des risques

Stratégie de risque

Gestion des risques de l'organisation
- Intégration dans le processus de planification stratégique
- Approche multidisciplinaire pour l'évaluation des risques
- Évaluation des principaux risques, majeurs ou d'entreprise, selon le « Credible Worst Case », scénario du pire cas crédible
- Mise à jour régulière des risques et des mesures correctives

Gestion des risques liés aux projets
- Grands projets font l'objet d'une gestion des risques
- Chef de projet établit une évaluation des risques au l'initialisation du projet
- Risques du projet sont revus régulièrement et mis à jour en permanence

Gestion des risques liés aux produits
- Produits répondent à des exigences réglementaires
- Analyse des risques accompagne le développement des produits (nouveau produit et modification de produit) grâce à une méthode éprouvée

Gestion des urgences et des crises
- Gestion opérationnelle des urgences et des crises mise en place et exercices de scénarios

Gestion de la continuité
- Responsabilité des propriétaires de processus
- Analyse de l'impact sur l'organisation présente des scénarios de défaillance

Informatique opérationnelle et sécurité de l'information

- Objectifs de sécurité de l'information est garantir la disponibilité, la confidentialité, l'intégrité des informations et la traçabilité des échanges de données
- Conformité aux exigences légales et réglementaires, RGPD notamment
- Analyse des risques de pannes informatiques et de l'indisponibilité de l'infrastructure informatique ayant un impact sur les opérations productives/clients qui ne doit pas excéder X jours

Gestion de la conformité, compliance

- Gestion de la conformité doit garantir le respect des exigences légales et réglementaires, ainsi que des obligations pertinentes
- Respect des principes de gouvernance d'une organisation responsable, comprenant l'environnement et l'écologie ainsi que le comportement éthique des managers et les attentes sociales des parties prenantes
- Collaborateurs peuvent signaler des violations aux règles du code de conduite, à une loi ou à un règlement à leur supérieur hiérarchique ou à l'instance externe désigné (organisme d'alerte Whistle-Blowing)

Système de contrôle interne

- Garantie sur les processus pertinents, maîtrise des activités
- Assurance raisonnable sur la rentabilité et l'efficience de l'exploitation
- Fiabilité dans l'établissement des états financier et non financiers, les garantissant sans erreurs
- Conformité du respect des normes et prescriptions
- Respect des compétences dans le but d'éviter les fraudes et les dommages

Gestion des risques dans les domaines opérationnels

- Sécurité au travail, protection contre l'incendie et protection de l'environnement sont assurées dans les processus opérationnels conformément aux dispositions légales et aux normes reconnues en lien avec la compliance

Intégration
Gestion des risques comme responsabilité de direction

- Gestion des risques est utilisée comme instrument de gestion et documentée dans le système de management
- Gestion des risques s'articule et se complète avec la gestion de la qualité dans les domaines opérationnels
- Processus de gestion des risques, politique de gestion des risques, directives éventuelles, et sa mise en œuvre font l'objet d'une formation des cadres ou managers
- Programmes d'intégration des nouveaux collaborateurs tiennent compte de la gestion des risques en fonction des besoins spécifiques
- Culture de risque est pratiquée de même qu'une culture de l'erreur

Amélioration continue et excellence

- Gestion des risques intégrée au système de management
- Évaluation interne annuelle, revue de direction, rapport sur les risques à l'attention de la direction et du conseil d'administration (haute direction)

Les **chapitres 6 Planification** et **7 Support** de la norme ISO 9001 sont similaires en termes de gestion de la qualité et de gestion des risques.

Enfin, le **chapitre 8 Fonctionnement du système** de la norme ISO 9001 met particulièrement bien en évidence les différences de contenu. La gestion de la qualité aborde la gestion des processus et traite des exigences relatives aux produits et aux services (ressources, conformité), de la communication avec les clients (gestion des réclamations), des exigences en matière de développement, d'approvisionnement et de production (conditions et processus maîtrisés) ainsi que de la fourniture et la libération des produits et des services. En revanche, la gestion des risques se concentre sur les exigences uniquement du processus de gestion des risques, notamment sur le contexte, l'appréciation des risques (identification, analyse et évaluation), le controlling et la maîtrise des risques avec la communication/information ainsi que la surveillance et le pilotage des risques.

Les **chapitres 9 Évaluation** et **10 Amélioration** de la norme ISO 9001 sont très proches l'un de l'autre dans la gestion de la qualité et dans la gestion des risques. Il s'agit d'évaluer les performances par l'utilisation notamment de la roue de Deming (P-D-C-A) et dans le cadre de l'amélioration continue, à tous changements, il sera nécessaire de procéder une analyse avec l'outil P-D-C-A.

La comparaison entre la gestion de la qualité et la gestion des risques révèle quelques points communs aux deux systèmes de gestion. Les points forts différents sont toutefois évidents :

Facteur de réussite 7

« La gestion de la qualité et du contrôle interne met l'accent sur la maîtrise des processus (activités), tandis que la gestion des risques oriente les activités en se concentrant sur la gestion des risques majeurs. »

2.8   Comprendre l'évaluation des risques

Le processus de gestion des risques exige une évaluation des risques après l'identification et l'analyse des risques. Il convient de rappeler que le risque est toujours l'effet de l'incertitude sur les objectifs, les activités et les exigences. L'évaluation des risques doit donc porter à la fois sur la probabilité d'occurrence (P) et sur l'impact (I) d'un ou de plusieurs risques. Dans la réalité de la gestion des risques, il existe plusieurs approches qui aboutissent à des résultats différents.

-   L'évaluation des risques est souvent effectuée en l'utilisant **l'espérance mathématique** (ou tout simplement espérance). Elle correspond à une moyenne pondérée et représente la valeur moyenne lorsqu' une expérience aléatoire est répétée à l'infini. L'espérance pour un risque unique peut être exprimée à l'aide d'une formule simple : $R = P \times I$. S'il existe plusieurs risques, l'espérance mathématique représente la somme des espérances des risques individuels.

-   La question se pose de savoir si la valeur sous-jacente de l'impact est une valeur maximale ou moyenne que l'on peut attendre. Si cette question n'est pas résolue, l'évaluation d'un ou plusieurs risques conduira à un résultat arbitraire. Le fait que la probabilité de survenance ne soit souvent pas fondée sur des observations ou vérifiée de manière empirique rend également le calcul arbitraire.

-   Le choix de l'espérance s'avère problématique dans la gestion pratique des risques, en particulier lorsqu'il s'agit d'un risque ayant un impact très élevé et une probabilité de survenance faible, caractéristiques des cygnes noirs. En effet, la multiplication d'un impact important par une faible probabilité de survenance a pour effet de diluer l'extrême gravité potentielle d'un risque et donc de le minimiser !

-   Une approche différente de l'évaluation des risques repose sur l'événement de **perte extrême**, qui est en quelque sorte le pire des cas possibles. Pour éviter que l'imagination ne laisse libre cours au pire des cas possible, on parle de cas crédible, «

Credible Worst Case », scénario du pire cas crédible, soit la définition d'un scénario du pire cas possible le plus probable. Par nature, ce cas à une faible probabilité de survenance et comme nous l'avons vu, l'impact ne doit pas être multiplié par celle-ci. L'évaluation des risques selon le « Credible Worst Case » fait que les cas grave ont généralement une criticité faible. Cela peut être palier par la mise en place de seuils adéquats afin d'adresser ces risques à la haute direction. En outre, le « Credible Worst Case » présente un autre inconvénient qu'il convient : il s'agit d'un cas pessimiste qui coexiste avec d'autres évaluations qui peuvent présenter le risque de manière moins négative, voire comme une opportunité. Le « Credible Worst Case » satisfait toutefois à l'exigence de mettre en évidence l'effet du risque qui peut causer de graves dommages à l'organisation et à son management. On pourrait également dire que ce cas remet en question la pérennité de l'organisation, car c'est le cas qui ne doit pas se produire … les cygnes noirs vous saluent !

- Une manière statistiquement élégante de décrire un risque est de le représenter par une fonction de distribution. Un exemple simple est celui des effets échelonnés, par exemple : une valeur minimale, une valeur moyenne et une valeur maximale (financière) pour les effets d'un risque (il pourrait y avoir cinq niveaux ou plus). La probabilité d'occurrence pourrait être divisée de la même manière. Les statistiques nous offrent de nombreux outils pour décrire un risque. La distribution normale ou la distribution triangulaire sont populaires pour les effets. Pour la probabilité d'occurrence d'un risque, on peut par exemple choisir le nombre d'événements dans un intervalle de temps donné, par exemple avec la distribution de Poisson.

- Par conséquent, la modélisation statistique des risques nécessite une maîtrise du langage mathématique. Pour de nombreuses personnes, en particulier les cadres, cela représente non seulement un défi, mais aussi généralement une surcharge.

- Une autre manière habile de décrire le risque d'une organisation est ce que l'on appelle « l'agrégation des risques ». Il s'agit de « superposer » plusieurs risques modélisés statistiquement afin de déterminer un risque global à partir de nombreux risques individuels. Pour ce faire, on utilise la simulation Monte Carlo dans laquelle les risques individuels modélisés sont générés de manière aléatoire un grand nombre de fois, par exemple 10'000 fois. Le résultat montre le risque global dans une nouvelle fonction de distribution de tous les risques. Il est à nouveau possible de calculer une valeur moyenne et une médiane, ainsi qu'un intervalle de confiance grâce aux instruments statistiques.

- En relation avec l'intervalle de confiance, on trouve la notion de « valeur à risque » ou « Value at Risk ».

Il s'agit de la valeur (financière) d'un risque (négatif) qui, pour une probabilité ou une fréquence donnée, ne sera pas dépassée au cours d'une période donnée (p. ex. 1 an). Une telle probabilité est par exemple fixée à 1 % (une fois tous les cent ans), à 10 % (une fois tous les dix ans), etc. La valeur financière qui en résulte peut-être comparée aux fonds propres disponibles. Si les fonds propres sont plus importants que la valeur dans le risque, cela justifie un appétit pour le risque. Il s'agit de l'envie de prendre plus de risques, dans l'attente que les chances ou les possibilités de gain augmentent également.

La « Value at Risk » est comparable au pire scénario possible, mais néanmoins crédible, présenté précédemment. Ce dernier représente, dans la pratique de la gestion des risques, une évaluation estimative des risques et présente l'avantage de rendre le cas réellement facilement compréhensible pour de nombreuses personnes.

> ## Facteur de réussite 8
>
> **« Les risques ayant des conséquences graves ou catastrophiques ne doivent pas être multipliés par leur faible probabilité de survenance (fréquence). »**

2.9 Faibles probabilités de survenance difficilement compréhensibles

Il existe des risques aux conséquences graves avec une faible probabilité de survenance. Faire face à de telles menaces et dangers donne du fil à retordre, comme le montre l'exemple suivant :

Exemple pratique :
Catastrophe de Fukushima
(Fukushima signifie « île du bonheur ou de la fortune »)

La centrale nucléaire de Fukushima Daiichi I a été mise en service en 1966. Ce n'est qu'après un séisme de magnitude 6,6 sur 9 sur l'échelle de magnitude de moment (Magnitude Mw) survenu le 16 juillet 2007 qu'un mur de 5,7 m de haut a été érigé près des quatre réacteurs de la centrale de Fukushima I pour les protéger des tsunamis. La hauteur du mur de protection correspond à une valeur attendue pour les tsunamis, mais pas au pire des cas probable, « Credible Worst Case », qui devait se produire quelques années plus tard.

Le 11 mars 2011 à 14:46:23 (heure locale), un tremblement de terre d'une magnitude de 9,0 Mw, appelé tremblement de terre de Tohoku, s'est produit, le plus fort dans l'histoire documentée du Japon. Il a entraîné une coupure de l'alimentation électrique externe des appareils de commutation des centrales nucléaires. Douze des treize générateurs diesel de secours ont démarré correctement.

La première d'une série de vagues de tsunami, d'une hauteur initiale de 4 mètres, a frappé la centrale électrique. Les pompes à eau installées derrière le mur de protection de 5,7 mètres de haut ont été détruites. En conséquence, le refroidissement de tous les réacteurs ainsi que des piscines de désactivation et des neuf générateurs électriques de secours refroidis à l'eau est tombé en panne. Les vagues du tsunami ont alors atteint des hauteurs de 13 à 15 mètres. Les réacteurs 1 à 4 ont été immergés jusqu'à 5 mètres de profondeur. Les douze groupes électrogènes de secours en service et la plupart des distributeurs de courant ainsi que des éléments de la technique de contrôle et de commande sont tombés en panne. L'évacuation de la chaleur du réacteur vers la mer n'était plus possible. Les chambres de condensation ont commencé à surchauffer.

Les générateurs électriques mis à disposition par d'autres centrales sont d'abord restés bloqués dans le trafic routier et n'ont pas atteint Fukushima à temps. Les générateurs qui sont finalement arrivés n'ont pas pu être raccordés, car les points de raccordement se trouvaient dans les sous-sols inondés. Sans système de refroidissement, les barres de combustible mises à nu entre-temps ont commencé à fondre, de l'hydrogène s'est formé par réaction chimique et des produits de fission radioactifs ont été libérés. L'accumulation d'hydrogène dans les bâtiments du réacteur a provoqué plusieurs explosions. Celles-ci ont détruit les bâtiments du réacteur.

La population vivant autour de Fukushima a été évacuée et n'a pas encore pu rentrer chez elle encore aujourd'hui, près de 15 ans après le drame.

Ce bref récit suffit à tirer les enseignements de cette catastrophe en matière de gestion des risques.

- Les quatre premières unités de la centrale de Fukushima ont été construites au niveau de la mer. L'argumentation était tout à fait compréhensible, car le sous-sol plus ferme permettait d'augmenter la sécurité sismique et les réacteurs de 500 tonnes pouvaient être poussés directement du navire vers la centrale électrique. L'emplacement au niveau de la mer présentait un autre avantage. L'eau de refroidissement des réacteurs pouvait être utilisée sans dénivelé, ce qui représentait un avantage économique indéniable.

- C'est justement au Japon que l'on a exclu de l'analyse des risques la conséquence connue depuis des siècles par suite d'un grave tremblement de terre, le tsunami. Le danger était semble-t-il limité lors des analyses faites à la construction de l'ouvrage. Mais c'est d'autant plus surprenant que la ville de Tokyo a été frappée le 1er septembre 1923 par un grave tremblement de terre suivi d'un tsunami pouvant atteindre 12 mètres de haut. Depuis 1960, le 1er septembre a été déclaré journée de prévention des catastrophes. Au Japon, et notamment dans la région de Fukushima, des bornes rappelant les tsunamis ont été posées depuis très longtemps afin que les générations futures n'oublient pas qu'un tremblement de terre violent est souvent suivi d'un tsunami mortel.

La catastrophe de Fukushima est un exemple de la manière dont on sous-estime la soi-disant faible probabilité de survenance des événements catastrophiques. C'est une difficulté majeure dans l'évaluation des risques qui est double avec l'utilisation des statistiques, car c'est par une loi normale qu'est estimé un risque alors qu'il faudrait utiliser des lois de puissance.

Trois évaluations des risques pour les centrales nucléaires sont connues : l'étude Rasmussen aux États-Unis, publiée en 1975 et les études allemandes GRS (Gesellschaft für Reaktor Sicherheit, Société pour la sécurité des réacteurs) de 1979 (étude A) et 1981-1986 (étude B) et enfin l'étude NRC (Nuclear Regulatory Commission) réalisée aux États-Unis entre 1987 et 1991. La conclusion de l'étude Rasmussen était, entre autres, que le risque d'un accident nucléaire grave était à peu près aussi grand que si une personne était frappée par une météorite. L'étude allemande calcule les probabilités spécifiques d'apparition à l'aide d'arbres de défaillances et d'analyses de processus : la probabilité d'une fusion du cœur se situe donc entre 10^{-5}/an et 10^{-4}/an, soit une fois tous les 10 000 à 100 000 ans.

Les résultats ne veulent pas dire grand-chose pour tout un chacun Une si faible probabilité de survenance dépasse de loin l'imagination humaine. Mais les calculs effectués par les experts de l'étude GRS correspondent assez bien à la réalité : si l'on multiplie simplement la faible probabilité de survenance par une moyenne de 200 centrales nucléaires en service au cours des 50 dernières années, le simple résultat du calcul ...

$$10^{-5} \text{ x } 2 \text{ x } 10^2 \text{ x } 0,5 \text{ x } 10^2 = 10^{-1}$$

Ce qui ne signifie rien d'autre qu'une catastrophe nucléaire tous les 10 ans. La catastrophe de Three Mile Island aux Etats-Unis en 1976, la catastrophe de Tchernobyl en Ukraine en 1986 et celle de Fukushima en

2011 confirment que les calculs de probabilité des experts étaient étonnamment exacts, mais n'étaient pas compris du public.

Facteur de réussite 9

« Les risques dont la probabilité de survenance (fréquence) est faible sont parfois mal interprétés, voire souvent occultés. »

2.10 Sécurité écartée

De nombreux risques sont dus à des conflits d'objectifs qui sont généralement résolus au détriment de la sécurité. La missions de l'organisation et son exploitation passent avant tout. L'accident de téléphérique survenu le 23 mai 2021 près de Stresa, sur le Lago Maggiore en Italie, en est un exemple tragique.

Exemple pratique :
Accident du téléphérique Stresa-Mottarone

Le téléphérique Stresa-Alpino-Mottarone a été mis en service en 1970. De 2014 à 2016, l'entreprise Leitner AG de Sterzing (Tyrol du Sud) a remplacé entre autres l'entraînement, la commande et les transformateurs pour une valeur de 4 millions d'euros. De 2016 à 2020, le téléphérique était en fonction. Le 1er décembre 2020, un **contrôle magnéto-inductif des câbles porteurs et tracteurs** a eu lieu, les freins du câble porteur – qui servent à bloquer la cabine sur le câble porteur avec deux mâchoires de frein en cas de défaillance du câble tracteur – ont été soumis à un test de fonctionnement.

Au début de la pandémie du COVID-19, le téléphérique était à l'arrêt. L'exploitation n'a repris que le 26 avril 2021. Le 30 avril, le système hydraulique des freins du câble porteur a été révisé pour la dernière fois ; à cette date, la société de maintenance n'avait pas connaissance de problèmes avec le système, selon ses propres indications. La veille de l'accident, la société Leitner est intervenue pour la dernière fois sur le téléphérique afin de remplacer une poulie usée sur un pylône.

Le matin du jour de l'accident, il y a eu un **problème avec le frein du câble porteur** de la cabine 3. Apparemment, ce problème aurait duré un certain temps et aurait nécessité une interruption prolongée du service. Afin de pouvoir tout de même faire fonctionner l'installation ce lundi de Pentecôte, le frein à câble porteur de cette cabine a été délibérément mis hors service à l'aide de deux pinces. Conformément aux prescriptions, ces pinces ne peuvent être utilisées que pour des travaux de maintenance et des trajets de contrôle, mais pas en service normal avec des passagers.

La capacité de la cabine concernée par l'accident était de 40 personnes. En raison de la pandémie, l'exploitant a réduit le nombre autorisé à 15 personnes.

Après que le trajet ait été considérablement ralenti à quelques mètres de la station supérieure, le câble de traction s'est cassé. Le freinage d'urgence automatique a été empêché par les pinces. La cabine a recommencé à descendre à une vitesse croissante et après environ 400 mètres, elle a sauté du câble de support du support à 120 km/h. Tous les passagers, à l'exception d'un enfant, ont perdu la vie lors de la chute au sol d'une hauteur d'environ 25 mètres.

Bien qu'aucun résultat d'enquête ne soit encore disponible, on peut déduire de cet exemple que l'exploitation du téléphérique en ce dimanche ensoleillé de Pentecôte sur le Lago Maggiore était une priorité absolue de la compagnie de remontées mécaniques. Il s'agissait pour l'exploitant de gagner à nouveau de l'argent après la longue période d'interruption due à la pandémie. C'est probablement pour cette raison que la direction de l'entreprise a désactivé le frein du câble porteur.

Aucune personne responsable n'a envisagé que le câble de traction puisse se rompre et que la cabine ait pu se fracasser au sol avec des passagers.

Facteur de réussite 10

« La mission de l'organisation ne passe pas avant tout, contrairement à la sécurité qui doit toujours être garantie. »

2.11 Conflits d'objectifs non résolus

Il peut exister également des objectifs contradictoires en matière de risques stratégiques et ils débouchent parfois sur des conflits d'objectifs, comme le montre clairement l'exemple du scandale du diesel de Volkswagen.

Exemple pratique : Scandale du diesel de Volkswagen

Le rapport annuel de l'année 2015 de Volkswagen contient, dans le rapport de gestion du groupe, un rapport sur les risques et les opportunités de près de 20 pages. Ce rapport se termine par l'indication qu'en l'état actuel des informations, il n'existerait aucun risque susceptible de mettre en péril la pérennité des principales sociétés du groupe ou du groupe Volkswagen dans son ensemble.

Pour gérer les risques, Volkswagen a mis en place un vaste système de gestion des risques basé sur le concept des « 3 lignes de défense ». Il s'agit notamment d'une gestion des risques d'entreprise et d'un système de contrôle interne conforme aux référentiels COSO I – Internal Control (IC) – et COSO II – Enterprise Risk Management (ERM). Cette gestion des risques a été réalisée par une application informatique utilisée dans l'ensemble du groupe.

Cela soulève la question intéressante de savoir comment le scandale du diesel, appelé « Dieselgate » pouvait survenir avec un tel système de gestion des risques et de contrôles mis en place.

À partir de 2009, Volkswagen a commencé à installer des convertisseurs catalytiques SCR (Selective Catalytic Reduction) dans les nouveaux moteurs diesel de ses voitures particulières afin de réduire les émissions d'oxyde d'azote (NOx) émis par les moteurs à combustion. Les résultats de cette technologie ont été si bons qu'une campagne publicitaire s'en est même inspirée, décrivant la nouvelle technologie diesel comme « plus propre que propre », qui nous fait penser à la fameuse citation de Coluche à propos d'une lessive qui lave « plus blanc que blanc ». Volkswagen voulait contrecarrer la technologie hybride japonaise, notamment aux États-Unis, ce qui, d'un point de vue purement technique, s'est avéré être un succès.

Deux raisons sont énumérées qui auraient conduit à l'introduction à la désactivation de dispositifs de dépollution de NOx :

D'une part, il est rapporté que dans la phase d'introduction de ces nouveaux moteurs diesel, les émissions d'oxyde d'azote étaient plus élevées que la limite autorisée avec une puissance du moteur et un rendement élevé. Le dispositif de dépollution de NOx avait alors conduit à ce que les conditions de fonctionnement pendant un contrôle des gaz d'échappement soient contrôlées de manière à ce que les valeurs d'émission prescrites soient atteintes, mais qui ne pouvaient pas être respectées en conditions normales de fonctionnement. Le dispositif de dépollution de NOx était programmé pour reconnaître les conditions de test du banc d'essai sur rouleaux.

D'autre part, la consommation de l'additif AdBlue était trop élevée pour atteindre les conditions de fonctionnement à faibles émissions visées ou le récipient prévu pour l'additif était trop petit pour assurer la conduite jusqu'au prochain entretien au garage. On ne voulait donc pas imposer aux acheteurs de cette nouvelle technologie propre de se rendre prématurément au garage pour faire le plein d'AdBlue. Comme sa disponibilité dans les stations-service n'était pas encore suffisamment assurée à ce moment-là, les techniciens de VW ont utilisé le dispositif de dépollution de NOx pour réduire la consommation d'AdBlue pendant la période d'utilisation. Il s'agit donc d'une mesure technique visant à répondre aux besoins des clients et/ou au marketing. On a donc sciemment pas respecté les prescriptions environnementales existantes, même si cela n'était prévu que temporairement.

Plusieurs éléments indiquent que le problème des dispositifs de dépollution des gaz d'échappement en phase de test était déjà connu bien avant 2015 par un petit nombre de personne. Ainsi, il est rapporté que l'audit interne de Volkswagen a attiré l'attention sur le problème des gaz d'échappement dès 2011 (!) mais qu'il n'a pas été entendu par la direction, ni par le conseil d'administration (instances de haute direction). À partir de 2014, des associations d'intérêts se sont penchées sur la thématique des normes et des contrôles antipollution. Au sein du groupe VW, plus de 30 techniciens auraient eu connaissance des dispositifs de dépollution de NOx.

Pourquoi la gestion des risques n'a-t-elle pas abordé ce sujet et ne l'a-t-elle pas intégré dans les discussions avec la direction du groupe VW ? Seuls les propriétaires des risques le savent, et ils ne veulent ou ne peuvent certainement pas s'exprimer sur le sujet. Le concept des 3 lignes de défense a manqué son objectif, car les trois groupes de personnes n'ont pas reconnue, sciemment ou involontairement, l'illégalité et la violation des normes environnementales et n'ont pas abordé un sujet qui fâchait au plus haut niveau de la hiérarchie. Ils ont fermé les yeux, certainement parce que la nouvelle technologie diesel, avait une grande importance stratégique sur le marché des états-unies de l'automobile. Ils espéraient donc imprudemment et un peu naïvement que le pot aux roses ne soit découvert publiquement.

En poursuivant les recherches, on peut relever l'affirmation selon laquelle le président du groupe, M. Winterkorn, était très autoritaire et donc redouté. Un style de direction autoritaire a souvent pour conséquence que les personnes n'osent pas dire la vérité, mais rapporte uniquement ce que le chef « suprême » aime entendre.

Si l'on avait voulu classer le groupe Volkswagen en 2015 selon le modèle de maturité de la gestion des risques, on serait arrivé à peine au niveau 2 « réactif ».

Chez Volkswagen, le conflit d'objectifs résidait dans le fait que le développement stratégique sur le marché Étatsunien était plus valorisé que l'acceptation d'une violation des réglementations environnementales par le biais d'un dispositif d'arrêt caché. On pensait que la solution illégale au problème ne serait pas découverte et que le problème logistique serait de toute façon résolu plus tard.

2.12 L'humain face au risque

Il existe des risques qui résultent d'un comportement humain à haut risque et qui se soldent ensuite par des dommages importants. Observons le suivant :

**Exemple pratique :
Crash du Junkers Ju-52 le 4 août 2018**

Le rapport final n° 2370 de l'organisme suisse d'enquête de sécurité, SUST, fournit la brève description suivante de l'accident :

« Le 4 août 2018 à 16h14, l'avion de ligne historique Junkers Ju-52/3m g4e, immatriculé comme HB-HOT et exploité par Ju-Air, a décollé de l'aérodrome de Locarno pour un vol vers l'aérodrome militaire de Dübendorf. Environ 40 minutes plus tard, l'avion a survolé le bassin de la vallée au sud-ouest du Piz Segnas, à 2'540 mètre d'altitude, en direction nord-nord-est. Vers l'extrémité nord du bassin, l'avion a amorcé un virage à gauche qui s'est transformé en une trajectoire en spirale descendante. Quelques secondes plus tard, l'avion entre en collision presque verticalement avec le relief. Les 20 personnes à bord de l'avion ont été tuées sur le coup et l'avion a été complétement détruit. »

L'accident s'est produit parce qu'après avoir perdu le contrôle de l'avion, il n'y avait pas assez d'espace pour le stabiliser et il est donc entré en collision avec le relief.

L'enquête a identifié les facteurs causals directs suivants pour l'accident :

– L'équipage a utilisé l'avion de manière très risquée en le dirigeant dans une vallée étroite à basse altitude et sans possibilité de trajectoire de vol alternative.

– L'équipage a choisi une vitesse dangereusement basse par rapport à la trajectoire de vol.

Ces deux facteurs signifiaient que les turbulences attendues dans de telles situations pouvaient non seulement conduire à un décrochage avec perte de contrôle, mais aussi à une situation désespérée.

L'enquête a identifié les facteurs suivants comme ayant directement contribué à l'accident :

– L'équipage était habitué à ne pas respecter les règles reconnues pour la sécurité des opérations aériennes et à prendre des risques élevés.

- L'avion accidenté évoluait avec un centre de gravité situé à l'extérieur de la limite arrière, ce qui a contribué à la perte de contrôle.

Comment est-il possible que l'humain devienne un risque ? Quels sont les facteurs d'influence connus de la gestion des risques qui font de lui un risque ? Ces questions nous amènent au thème des actions incertaines qui favorisent la survenue de risques.

L'homme est un être faillible. Comparé à une machine, il doit être considéré comme peu fiable. Cela est lié à des caractéristiques tout à fait positives de l'être humain, telles que les émotions, l'intuition et la créativité. Celles-ci peuvent toutefois l'emporter sur une prise de décision rationnelle.

L'homme est aussi sujet à des erreurs d'appréciation en se comportant de manière erronée, ce qui peut notamment être dû à un manque de concentration, à des erreurs de d'appréciation ou à un surmenage. Mais il peut aussi faire des suppositions erronées et commettre des erreurs. Les malentendus, le manque d'expérience ou la surestimation de soi y contribuent. De plus, il ne faut pas sous-estimer les biais cognitifs et particulièrement celui de supériorité illusoire.

Pour que l'homme commette moins d'erreurs, les organisations et la société ont introduit des règles que l'homme doit mémoriser et auxquelles il doit se conformer. Cette défense contre les erreurs a rapidement trouvé ses limites. Par l'oubli et le manque de connaissances ou encore par la pression du temps, l'homme est tenté d'enfreindre inconsciemment ou consciemment les nombreuses prescriptions.

La pire façon de commettre des actes peu sûrs est d'accepter sciemment de **violer les règles**. Dans le langage juridique, on parle alors d'intention ou de négligence grave. C'est exactement ce qui s'est passé pour les pilotes du Ju-52.

Les deux pilotes avaient manifestement aussi l'habitude de voler ensemble. Leur comportement en matière de sécurité était le même. Aucun n'aurait averti l'autre et attiré son attention sur la dangerosité de la route et de la vitesse de vol choisies. Il leur manquait à tous deux une culture « ouverte » de l'erreur et une communication efficace des risques.

Qu'est-ce qui conduit l'homme à un tel comportement ? La base des infractions aux règles est à chercher dans la surestimation de soi. Celle-ci se base à son tour sur des expériences montrant que les choses se sont souvent bien passées malgré la violation de règles. Les normes de sécurité sont alors considérées comme un « nice to have » et elles sont tout simplement mises de côté, les considérants comme non pertinentes pour le moment.

Les moteurs des infractions ou le non-respect des normes résident également dans le besoin de l'homme de se mettre en valeur. On veut plaire aux autres en leur faisant plaisir, biais de désirabilité sociale. C'est le syndrome du spectacle. Le spectacle a lieu sans penser aux conditions de sécurité. Tout cela empêche une évaluation objective des risques et a conduit à la catastrophe dans le cas présenté ci-dessus. Ils étaient certainement sous l'effet du biais du point de vue aveugle, ils n'étaient probablement pas conscients de leurs propres biais.

Les organisations peuvent influencer le comportement en matière de sécurité en créant une **culture organisationnelle ouverte** (culture d'entreprise) dans laquelle la prise en compte des règles « conduit » à un comportement éthique de chaque membre de l'organisation. Même si l'individu peut avoir tendance à agir de manière peu sûre et à enfreindre les règles, les autres personnes de l'équipe ne doivent pas les accepter tacitement. Chaque membre de l'organisation doit attirer l'attention sur les comportements erronés. James Reason, Professeur à la Manchester University a développé le « Swiss cheese model », modèle du Gruyère, pour représenter les relations de cause à effet en cas d'accident et présenter le cumul d'erreurs, de ratés et de dérapages d'un danger potentiel à un accident. C'est une approche systémique, et non basée sur les individus, pour remédier aux violations des règles. La mission, les valeurs de l'organisation et sa culture influencent fortement le comportement des collaborateurs :

« We cannot change human conditions, but we can change the conditions under which humans work » Traduction libre : « Nous ne pouvons pas changer les conditions humaines, mais nous pouvons changer les conditions dans lesquelles les humains travaillent ». Nous pourrions le formuler autrement :

Facteur de réussite 12

« Une organisation avec une communication ouverte (transparence) sur les risques et une culture de l'erreur développée avec une sensibilisation à la sécurité protège les personnes contre les risques. »

3. Avantages de la gestion des risques

3.1 Comprendre et réduire la complexité

La gestion des risques est un instrument qui aide la direction à mieux comprendre la complexité afin de de la réduire pour une meilleure compréhension par toute les parties prenantes internes à l'organisation. Dans le monde des affaires d'aujourd'hui, qui est incertain, ambigu et où la volatilité s'accentue, la complexité augmente constamment en raison des facteurs suivants :

- Les systèmes se diversifient et de plus en plus de sous-systèmes, techniques et organisationnels, travaillent ensemble pour accroître les performances des organisations.

- Les sous-systèmes eux-mêmes couvrent de nombreuses dimensions, notamment les fonctions techniques, les besoins et capacités humaines, les objectifs économiques et la valeur sociale, l'éthique, etc.

- L'ensemble du système et des sous-systèmes poursuivent des objectifs ou des fonctions divers et souvent contradictoires (conflits d'objectifs).

Pour maîtriser cette complexité et pour mieux piloter les systèmes complexes, il est possible de considérer leur diversité, leurs dimensions et leurs fonctions de manière réduite et de se focaliser sur un point de vue particulier.

C'est précisément la faculté de la gestion des risques. Elle considère les éléments des systèmes et sous-systèmes sous l'angle de l'incertitude et recherche des scénarios possibles pour leur comportement et leur interaction.

La gestion des risques est devenue indispensable pour la **prise de décision** et la résolution de problèmes complexes. Et comme outil de gestion d'une organisation, elle est devenue indispensable pour la haute direction et le top management. Les organisations qui appliquent de manière globale, systémique, la gestion des risques et qui l'utilisent efficacement obtiennent de meilleures performances que celles qui ne s'efforcent pas de comprendre la complexité.

La gestion des risques ne se joue pas uniquement au niveau de la prise de décision et de la gestion d'une organisation. Celles qui veulent gérer les risques àa besoin de **compétences** pour faire face aux risques qu'elles encourent. Il s'agit notamment de personnes capables d'appliquer et répliquer le processus de gestion des risques dans toute l'organisation et de travailler avec les propriétaires de risques pour comprendre et traiter les risques à proprement parler. Ces compétences peuvent être acquises par l'expérience et/ou une formation idoine.

3.2 Avantages directs

De nombreuses personnes actives dans la gestion des risques, voire les membres de la haute direction et les manager ont du mal à citer concrètement les avantages de la mise en œuvre d'une gestion globale des risques. C'est pourtant très simple :

Facteur de réussite 13

« L'utilité de la gestion des risques est de réduire les erreurs et les dommages et, de manière induite, les coûts et les charges d'une organisation. »

Cependant, nous examinons les risques et leur gestion non seulement sur un mois, un an ou sur trois ans, mais sur le long terme, tout le long du cycle de vie de l'organisation. La pérennité d'une organisation est, par principe, illimitée dans le temps. De plus, l'évaluation de l'utilité de la gestion des risques dans une organisation doit également se faire sur le long terme.

Toutefois, il existe des limites et celles-ci surviennent lorsque la gestion des risques devient un poids lourd bureaucratique, une « usine à gaz ». Cela doit être évité à tout prix car nous le savons maintenant : « Moins, c'est plus ! ».

3.3 Avantages indirects

La gestion des risques entraîne également des avantages indirects. Une organisation dotée d'une culture d'entreprise ouverte couplée à une culture de l'erreur avec une sensibilisation à la sécurité et d'une communication sur les risques à tous les échelons offre aux collaborateurs notamment une plus grande satisfaction au travail et une possibilité d'interaction plus active dans la vie de l'entreprise.

Les entreprises qui gèrent les risques sont généralement plus **attrayantes en tant qu'employeurs** et peuvent séduire les talents, retenir les bons collaborateurs et en finalité espérer d'eux une création de la valeur.

Chaque entreprise se doit d'entretenir de bonnes relations avec ses parties prenantes et aussi avec ses parties intéressées. Outre les dirigeants et les collaborateurs que nous avons déjà mentionnés, il s'agit également d'autres groupes tels que les clients, les fournisseurs, les propriétaires, les groupes d'intérêt, les autorités, etc.

La gestion des risques aide chaque organisation à communiquer avec elles de manière confiante et sereine, y compris en ce qui concerne la gestion des risques et sur les risques eux-mêmes. En fin de compte, cela contribue à promouvoir la **réputation** de l'organisation et d'avoir ainsi une « bonne cote » auprès des agences de notation financière. La gestion des risques fait partie d'une bonne gouvernance et contribue à la durabilité et pérennité, qui se traduit en fin de compte une augmentation de la valeur de l'entreprise et pas seulement en termes financiers.

Bien du plaisir dans votre gestion des risques !

Vita des Coéditeurs

José Lamas-Valverde est un ancien associé de de la compagnie Euro Risk SA de Zürich pour la Suisse Romande de 2012 à 2017. Il est actif dans le conseil et la formation à la gestion des risques. José est Docteur en physique des particules. Ancien chercheur au CERN et spécialiste de la qualité et de la sûreté de fonctionnement, il est également manager des risques certifié. Spécialiste de business intelligence (analyse décisionnelle, statistique, informatique et apprentissage automatique), il est aussi expert en gestion des risques d'entreprise et a fondé la société gestRisk Sàrl, qui propose des services de conseil et de formation management des risques.   Depuis 2021, il est aussi membre du comité d'experts de l'association suisse de normalisations (SNV) auprès de l'organisation internationale de normalisation (ISO)

Olivier Terrettaz est le fondateur de BoLT Partners SA (www.bolt-sa.ch), un cabinet de conseils en gouvernance et actif dans ce domaine depuis plus de 30 ans et ancien partenaire de Bruno Brühwiler de 2005 à 2011. Il est un expert reconnu en Suisse et à l'étranger en gouvernance, finance et gestion des risques. Il s'est spécialisé depuis plus de trente ans dans l'organisation et la gestion des conseils d'administration. Il est actif dans plusieurs organisations professionnelles et membre indépendant de conseils d'administration d'entreprises privées et d'organisations publiques. Il enseigne dans différentes universités au niveau postgrade et officie, entre autres, comme juré-expert aux examens fédéraux de finance et controlling ainsi qu'aux experts fiduciaire notamment.